I0116945

HISTORIQUE

ET

RÈGLEMENT

DE LA

SOCIÉTÉ DE SECOURS MUTUELS ET DE RETRAITE

DITE

L'ENCLUME et le MARTEAU

Nº 10 DU RÉPERTOIRE

Créée le 1ᵉʳ septembre 1821

GRENOBLE

IMPRIMERIE E. VALLIER ET Cⁱᵉ

1, boulevard de Bonne, 1

1892

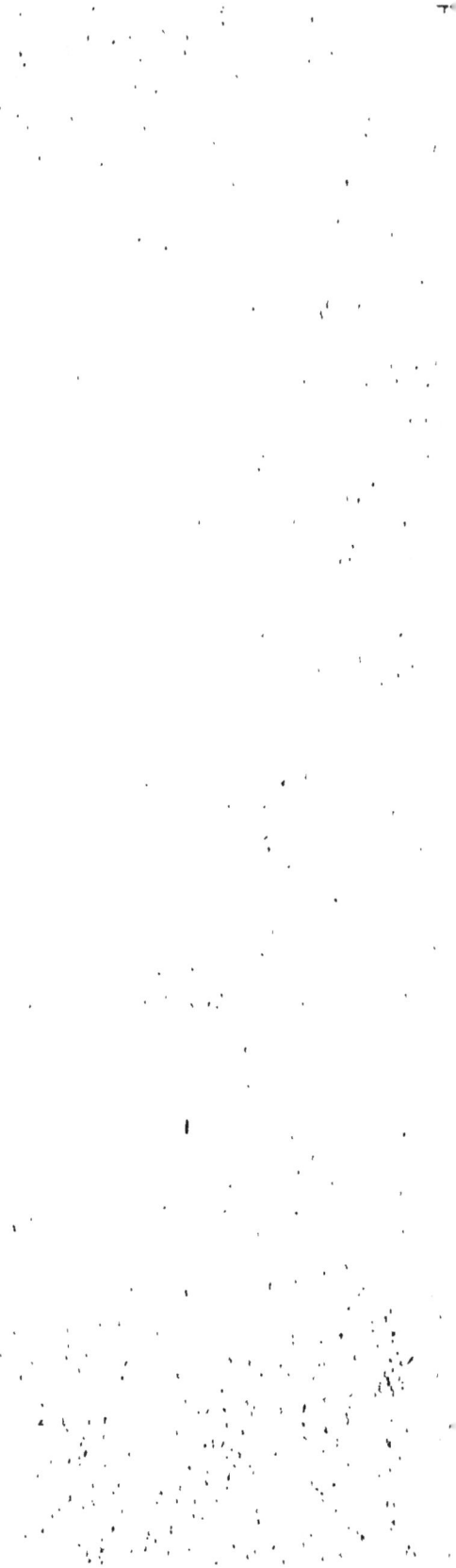

HISTORIQUE

DE

LA SOCIÉTÉ

DE

L'ENCLUME & DU MARTEAU

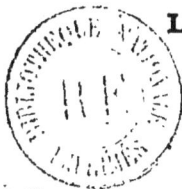

———❦———

MES FRÈRES,

Lors de la reddition des comptes matériels et financiers de la Société de l'Enclume et du Marteau pour l'année 1878, je vous ai fait part de mon intention de vous dire quelques mots sur les premières Sociétés de secours mutuels de Grenoble, en même temps que l'historique de la nôtre depuis sa fondation jusqu'à ce jour.

Votre adhésion spontanée et unanime à ma proposition m'a encouragé dans la pensée que la réunion de ces documents ne pouvait qu'être utile à la plupart d'entre vous mes Frères, qui peuvent être appelés, à une époque plus ou moins rapprochée, à gérer notre Société.

Si nous parvenons à tirer un fruit utile de ce petit travail, je serai largement récompensé des faibles efforts que j'ai mis dans cette circonstance et que je renouvellerai chaque fois qu'il s'agira d'être utile à notre belle institution.

Vous n'oublierez pas, je vous prie, de reconnaître que si la sagesse de nos pères a su mener à bien l'œuvre qu'ils ont le mérite d'avoir créée, nous devons aussi toute notre reconnaissance à nos bienfaiteurs, à nos membres honoraires qui, par leur généreux concours, assurent l'existence de notre Société, en même temps qu'ils contribuent à sa prospérité.

Je vous renouvelle, mes Frères, l'assurance de mes sentiments fraternels et de mon dévoûment.

Le Président,

FABRÈGUES.

ORIGINE DES SOCIÉTÉS DE SECOURS MUTUELS

De la ville de Grenoble

Au sortir de la première Révolution, en 1803, c'est-à-dire vers la fin de la terrible crise qui ébranla l'Europe jusque dans ses fondements, le commerce de Grenoble, et plus particulièrement celui de la ganterie, se trouva dans un état de souffrance tel qu'une foule d'ouvriers de cette profession, privés de travail, furent bientôt réduits au dénûment le plus complet.

C'est dans cette circonstance, voisine du désespoir, que jaillit alors la pensée de secours mutuels. — Quelques ouvriers résolurent de poursuivre cette idée et de la mettre à exécution.

Ils déléguèrent à cet effet un de leurs camarades, le nommé Chevalier, auprès de la Municipalité, afin d'obtenir l'autorisation nécessaire pour atteindre le but proposé, c'est-à-dire la création d'une Société de secours mutuels.

M. Renauldon, maire de Grenoble, appréciant les services immenses que pouvait rendre une semblable institution, s'empressa de donner, avec son consentement, les conseils les plus utiles, afin d'assurer à l'œuvre projetée une base solide, capable de garantir sa durée.

M. le préfet Fourier, savant distingué, en donnant son approbation, dit que l'œuvre est digne de la protection de l'administration publique.

Le 1er mai 1803, la première Société de secours mutuels est créée. C'est celle des gantiers.

2e Bureau. — Un an après les ouvriers cordonniers, dont l'industrie est sujette à de si nombreuses vicissitudes, voulurent aussi goûter les avantages de la bienfaisance mutuelle.

Les démarches faites auprès de M. Renauldon et de M. Fourier furent couronnées de succès, et, le 25 juin 1804, le deuxième bureau de secours mutuels fonctionnait.

C'est encore à la bienveillance de ces deux magistrats, à leur sollicitude pour les classes pauvres, qu'est due la création de cinq sociétés de secours mutuels, savoir :

3° *Bureau*. — Pendant la même année 1804, se créa le troisième bureau, représentant la corporation des peigneurs de chanvre.

4° *Bureau*. — Il se compose des maîtres et ouvriers maçons, tailleurs de pierre, charpentiers, plâtriers et peintres en bâtiments.

Cette Société de secours mutuels fut autorisée le 1er janvier 1806.

5° *Bureau*. — Le 24 juin 1807, fut constituée la Société des chamoiseurs, mégissiers, tanneurs et corroyeurs.

6° *Bureau*. — Les tisserands, drapiers, tapissiers, passementiers et teinturiers, composant le sixième bureau, furent autorisés dès le 17 juillet 1808.

7° *Bureau*. — Le 1er août 1808, fut créée la septième Société de secours mutuels, composée des menuisiers, tourneurs et tonneliers.

8° *Bureau*. — Dix ans plus tard, en 1818, M. de Lavalette, maire de Grenoble, et M. le préfet, le baron Lemercier d'Haussez, autorisèrent la constitution du huitième bureau dit des Arts et Métiers.

9° *Bureau*. — Enfin, le 1er septembre 1821, les deux administrateurs éclairés que nous venons de citer, autorisèrent la création de la neuvième Société de secours

mutuels de l'Enclume et du Marteau, dont nous retra-
çons ci-après les premiers actes lors de sa constitution
et les délibérations les plus importantes.

Nous exposons également la situation financière depuis
la création de la Société jusqu'au 31 décembre 1878, et
terminons par la liste de nos bienfaiteurs honoraires, des
membres titulaires et par quelques renseignements sur
la situation matérielle.

FORMATION DU 9ᵉ BUREAU

2 septembre 1821. — Réunion des fondateurs dans la salle des sociétaires gantiers pour rédiger un règlement ; présence du commissaire de police.

Soixante-dix membres sont présents et adoptent le projet de règlement présenté et comportant trente-deux articles.

Nominations du Commissaire général, M. Pierre Paul, qui a obtenu la majorité absolue ;

Du Trésorier, M. Bergeri ;

Des Commissaires de série, MM. Gaude, Frejon, Lamberoz, Charlet, Boilat et Lajon ;

Des Secrétaires, MM. Thomé et Guerre.

Réception de quarante membres.

16 septembre 1821. — Réunion avec l'assistance du commissaire de police.

Réception du docteur Dalban comme médecin de la Société (1) ; du docteur Frier comme membre honoraire.

---

(1) Le Commissaire général croit devoir rappeler à tous combien la mémoire du frère Dalban est chère à la Société. Depuis la formation de la Société jusqu'à l'époque de son décès, arrivé il y a quelques années, le frère Dalban n'a cessé de donner les soins les plus empressés aux sociétaires malades ; il était pour eux une seconde providence. Fidèle et ferme exécuteur du règlement, sa coopération a puissamment aidé l'administration et largement contribué à la prospérité de la Société.

A plusieurs reprises, la Société de secours mutuels a voté des

Réception de vingt-trois membres.
Acquisition du cachet de la Société.

23 *septembre* 1821. — La Société décide que les corporations ci-après seront seules admises dans la Société :

Serruriers, maréchaux, taillandiers, cloutiers, couteliers, chaudronniers, fondeurs, ferblantiers, armuriers, selliers, bourreliers, orfèvres, horlogers et charrons.

Vote de l'acquisition d'un drap mortuaire.

30 *septembre* 1821. — Remerciments à la Société des gantiers, qui a mis à la disposition de la Société la salle des réunions.

7 *octobre* 1821. — M. le docteur Dalban désigne M. Balthazard Perrotin comme pharmacien de la Société, présentation agréée à l'unanimité. Discours à cette occasion par le frère Guerre.

Réception de huit nouveaux membres.

Le sieur Bernard, boucher, est désigné comme fournisseur de la Société.

14 *octobre* 1821. — Réception de six membres.

Nomination de quatre suppléants aux Commissaires de série, les frères Allouard, Lajon, Thiervoz et Ravaud.

21 *octobre* 1821. — Réception de quinze membres.

---

remerciments au vénérable frère le docteur Charvet oncle, pour le dévoûment infatigable qu'il n'a cessé de déployer, la nuit aussi bien que le jour, pour donner ses soins aux malades.

Le dévoûment du frère Charvet oncle ne s'est point ralenti ; malgré son grand âge, ses soins dévoués n'ont jamais manqué aux malades qui ont fait appel à sa longue et sage expérience.

Le président est heureux, en cette nouvelle occasion, d'être l'interprète de tous, en priant M. le docteur Charvet d'agréer la reconnaissance de la Société pour les longs et honorables services qu'il lui a rendus.

Le frère Davilaure est chargé de la construction du corbillard.

Le frère Décole est chargé de la fourniture de deux draps mortuaires.

Don par le frère Rey d'un crucifix, bénitier et aspergès.

La Société décide que deux médailles en argent seront présentées à titre de reconnaissance aux frères gantiers.

28 *octobre* 1821 — Réception de dix-huit membres.

10 *novembre* 1821. — Réception de cinq membres.

11 *novembre* 1821. — Remise de vingt-neuf médailles en argent aux membres du Bureau et du Conseil ; d'une médaille en argent à la Société des gantiers ; d'une médaille au Commissaire général de ladite Société.
Réception de trois membres.

18 *novembre* 1821. — Réception de six membres.

2 *décembre* 1821. — Délivrance d'une médaille au frère Frier, doyen d'âge, qui devra la remettre à ses successeurs.

3 *mars* 1822. — Renouvellement du Bureau :
Commissaire général, le frère Collin, orfèvre ; suppléant, le frère Barthélemy, orfèvre ;
Secrétaire, le frère Guerre ; suppléant, le frère Gerente.
Trésorier, le frère Bergeri ; suppléant, le frère Thomé.
Commissaires de série :
1ʳᵉ série, le frère Gaude ; suppléant, le frère Reynaud ;
2ᵉ série, le frère Sappey ; suppléant, le frère Perrin ;
3ᵉ série, le frère Lomberg ; suppléant, la frère Thiervoz ;
4ᵉ série, le frère Charlon ; suppléant, le frère Ravaud ;
5ᵉ série, le frère Lestrille ; suppléant, le frère Gavin ;
6ᵉ série, le frère Lajon ; suppléant, le frère Daspres.

10 mars 1822. — Délivrance d'une médaille, à titre de reconnaissance, au frère Paul, ancien commissaire général à la fondation.

Discours des frères Paul, Collin et Barthélemy.

25 mars 1823. — La Société des gantiers remet à la Société de l'Enclume et du Marteau une médaille commémorative de sainte Anne, sa patronne. Discours à cette occasion du Commissaire général des gantiers, frère Saint-Pierre.

24 août 1823. — Renouvellement du Bureau, installation du 31 août 1823.

Commissaire général, le frère Barthélemy, qui a obtenu 47 voix sur 57 ; suppléant, le frère Pelard.

Secrétaire, le frère Guerre ; suppléant, le frère Cler.

Trésorier, le frère Bergeri ; suppléant, le frère Thomé.

Commissaires de série :

1ʳᵉ série, le frère Dupré ; suppléant, le frère Gaude ;

2ᵉ série, le frère Degrey ; suppléant, le frère Belon ;

3ᵉ série, le frère Lambert ; suppléant, le frère Thiervoz ;

4ᵉ série, le frère Charlet ; suppléant, le frère Ravaud ;

5ᵉ série, le frère Demenjon ; suppléant, le frère Lestrille ;

6ᵉ série, le frère Lajon ; suppléant, le frère Meyer.

30 novembre 1823. — Dépôt dans la salle des délibérations de l'image de sainte Anne et des autres emblèmes gravés sur la médaille donnée à la Société par les frères gantiers.

Médaille de reconnaissance en faveur des frères Guerre et Bergeri.

1ᵉʳ février 1824. — Remise de ces médailles aux titulaires ; nombreux discours applaudis.

28 mars 1824. — La Société de bienfaisance maternelle de Saint-Laurent décerne une médaille aux frères Dalban, médecin, et Guerre, secrétaire de la Société de Saint-Éloi.

En 1824, la Société a décerné une médaille d'argent au

frère Barthélemy, président, qui a puissamment contribué au succès de notre Société naissante.

29 août 1824. — Démission du frère Barthélemy, Commissaire général ; nomination du frère Pelard à ces fonctions ; il a choisi pour vice-présidents les frères Gavin et Barthélemy.

Le frère Guerre est maintenu dans ses fonctions et et demande pour suppléants les frères Leclerc et Riondet.

Le frère Bergeri est maintenu et a demandé pour suppléant le frère Thomé.

Sont nommés commissaires de série :

1re série, le frère Courtier ; suppléant, le frère Dupré ;

2e série, le frère Piraud ; suppléant, le frère Francoz ;

3e série, le frère Douville ; suppléant, le frère Châtel ;

4e série, le frère Gonnard ; suppléant, le frère Charlet ;

5e série, le frère Coupert ; suppléant, le frère Bonnevie ,

6e série, le frère Daspres ; suppléant, le frère Chabert ;

Inauguration du tableau de Saint-Eloi ; discours des frères Barthélemy, Paul et Guerre.

3 septembre 1824. — Installation des membres nommés le 29 août.

25 septembre 1825. — Renouvellement du Bureau :

Commissaire général, le frère Pelard ; suppléants, les frères Gavin et Barthélemy.

Secrétaire, le frère Guerre ; suppléants, les frères Riondet et Laval.

Trésorier, le frère Bergeri ; suppléant, le frère Thomé.

Commissaires de série :

1re série, le frère Courtier ; suppléant, le frère Laval fils ;

2e série, le frère Pizot ; suppléant, le frère Francoz ;

3e série, le frère Douville ; suppléant, le frère Chatel ;

4e série, le frère Gonnard ; suppléant, le frère Role ;

5e série, le frère Coupert ; suppléant, le frère Bonnevie ;

6e série, le frère Lajon ; suppléant, le frère Chabert.

2 octobre 1825. — Installation des noùveaux élus le 25 septembre 1825 ; discours des frères Barthélemy et Pelard.

24 septembre 1826. — Renouvellement du Bureau :
Commissaire général, le frère Guerre ; suppléants, les frères Pascal et Barthélemy.
Secrétaire, le frère Guerre ; suppléant, le frère Laval.
Trésorier, le frère Bergeri ; suppléant, le frère Thomé.
Renouvellement partiel des Commissaires de série :
4e série, le frère Ravaud ; suppléant, le frère Septépée ;
5e série, le frère Bonnevie ; suppléant, le frère Kaupert.

29 octobre 1826. — Installation du Bureau.

23 septembre 1827. — Renouvellement du Bureau.
Commissaire général, le frère Pelard ; suppléants, les frère Barthélemy et Lambert.
Secrétaire, le frère Guerre ; suppléants, les frères Laval et Didier.
Trésorier, le frère Bergeri ; suppléant, le frère Thomé.
Renouvellement partiel des Commissaires de série :
1re série, le frère Groussy ; suppléant, le frère Reynaud ;
2e série, le frère Piraud ; suppléant, le frère Drevon ;
3e série, le frère Chatel ; suppléant, le frère Francoz ;
4e série, le frère Guillermont ; suppléant, le frère Loch.

30 septembre 1827. — Installation du Bureau.

21 septembre 1828. — Renouvellement du Bureau :
Commissaire général, le frère Pelard ; suppléants, les frères Barthélemy et Leclerc.
Secrétaire, le frère Guerre ; suppléants, les frères Laval et Comte fils.
Trésorier, le frère Bergeri ; suppléants, les frères Lambert et Thomé.
Renouvellement partiel des Commissaires de série :

1" série, le frère Groussy ; suppléant, le frère Reynaud ;

2° série, le frère Piraud ; suppléant, le frère Drevon ;

4° série, le frère Dupré ; suppléant, le frère Millon ;

5° série, le frère Bonnevie ; suppléant, le frère Lajon.

27 septembre 1829. — Renouvellement du Bureau :

Commissaire général, le frère Pelard ; suppléants, les frères Barthélemy et Lambert.

Secrétaire, le frère Pascal ; suppléant, le frère Guerre.

Trésorier, le frère Bergeri ; suppléant, le frère Thomé.

Renouvellement partiel des Commissaires de série :

4° série, le frère Millon ; suppléant, le frère Charlet ;

5° série, le frère Lattier ; suppléant, le frère Gavin.

4 octobre 1829. — Installation du Bureau.

En 1829, le roi de Naples passa à Grenoble. L'autorité engagea les Sociétés de secours mutuels à aller à la rencontre de ce prince ; elles déclinèrent cette invitation en protestant que, observatrices de leurs règlements, elles n'entendaient nullement s'occuper d'autre objet que du soulagement de leurs cosociétaires.

(Ici se produit une lacune dans les procès-verbaux à cause des événements de Juillet.)

26 septembre 1830. — Renouvellement du Bureau :

Commissaire général, le frère Pelard ; suppléants, les frères Barthélemy et Lambert.

Secrétaire, le frère Laval ; suppléant, le frère Guerre.

Trésorier, le frère Bergeri ; suppléant, le frère Thomé.

Commissaires de série :

1" série, le frère Groussy ; suppléant, le frère Reynaud ;

2° série, le frère Piraud ; suppléant, le frère Gaudin ;

3° série, le frère Francoz ; suppléant, le frère Riondet ;

4° série, le frère Millat ; suppléant, le frère Charlet,

5° série, le frère Bonnevie ;

6° série, le frère Lajon.

31 octobre 1830. — Installation du Bureau.

27 *février* 1831. — Le frère Groussy, Commissaire de la 1ᵉ série, est remplacé par le frère Allouard.

2 *octobre* 1831. — Renouvellement du Bureau.

Commissaire général, le frère Pelard ; suppléants, les frères Barthélemy et Lambert.

Secrétaire, le frère Guerre ; suppléant, le frère Trouillet ;

Trésorier, le frère Bergeri ; suppléant, le frère Thomé.

Renouvellement partiel des Commissaires de série :

1ᵉ série, le frère Gaude ; suppléant, le frère Reynaud ;

5ᵉ série, le frère Bonnevie ; suppléant, le frère Kaupert ;

6ᵉ série, le frère Lajon ; suppléant, le frère Chabert.

1ᵉ *novembre* 1831. — Installation du Bureau.

24 *juin* 1832. — Délivrance au frère Oppert de la médaille que lui a décernée la Société.

30 *septembre* 1832. — Renouvellement du Bureau :

Commissaire général, le frère Pelard ; suppléants, les frères Leclerc et Barthélemy.

Trésorier, le frère Barthélemy ; suppléant, le frère Bergeri.

Secrétaire, le frère Guerre ; suppléant, le frère Trouillet.

Renouvellement partiel des Commissaires de série :

1ᵉ série, le frère Brille ; suppléant, le frère Reynaud ;

4ᵉ série, le frère Millat ; suppléant, le frère Charlet ;

5ᵉ série, le frère Bonnevie ; suppléant, le frère Kaupert.

28 *octobre* 1832. — Le frère Barthélemy, trésorier, donne sa démission.

4 *novembre* 1832. — Le frère Piraud est nommé trésorier ; le frère Douville, suppléant.

Le frère Lachat est nommé commissaire de la 2ᵉ série en remplacement du frère Piraud, nommé trésorier.

29 *septembre* 1833. — Renouvellement du Bureau :

Commissaire général, le frère Pelard ; suppléants, les frères Barthélemy et Leclerc.

Secrétaire, le frère Guerre ; suppléant, le frère Riondet.

Trésorier, le frère Piraud ; suppléant, le frère Douville.

Renouvellement partiel des Commissaires de série :

2ᵉ série, le frère Pacot ; suppléant, le frère Le Grand ;

3ᵉ série, le frère Francoz ; suppléant, le frère Riondet.

27 *octobre* 1833. — Installation du Bureau.

28 *septembre* 1834. — Renouvellement du Bureau :

Commissaire général, le frère Pelard ; suppléants, les frères Barthélemy et Leclerc.

Secrétaire, le frère Guerre ; suppléant, le frère Riondet.

Trésorier, le frère Piraud ; suppléant, le frère Douville.

Renouvellement partiel des Commissaires de série :

1ʳᵉ série, le frère Prétat ; suppléant, le frère Brille ;

3ᵉ série, le frère Dégrey ; suppléant, le frère Fabrègues ;

6ᵉ série, le frère Lajon ; suppléant, le frère Chabert.

12 *octobre* 1834. — Installation du Bureau.

24 *décembre* 1834. — Décès du frère Pelard, commissaire général. Oraison funèbre par le frère Barthélemy. La Société tout entière se rendit à son enterrement ; la salle des réunions fut tendue en noir ; on prononça une petite oraison funèbre, cherchant ainsi à rendre à la mémoire de leur regretté Commissaire général un hommage que ses services et son loyal caractère lui avaient mérité.

25 *janvier* 1835. — Le frère Barthélemy est nommé Commissaire général en remplacement du frère Pelard, décédé.

27 *septembre* 1835. — Renouvellement partiel du Bureau :

Secrétaire, le frère Guerre ;

Trésorier, le frère Piraud ; suppléant, le frère Bergeri ;

Renouvellement partiel des Commissaires de série :

4ᵉ série, le frère Millat ; suppléant, le frère Charlet ;

2ᵉ série, le frère Bonnevie ; suppléant, le frère Kaupert.

24 *octobre* 1835. — Installation des nouveaux élus.

25 *septembre* 1836. — Le frère Barthélemy donne sa démission de Commissaire général ; il est remplacé par le frère Laval-Didier, qui a choisi pour suppléants les frères Douville et Barthélemy.

Le frère Guerre donne sa démission de secrétaire et est nommé secrétaire honoraire à vie ; il est remplacé par le frère Riondet, qui s'est choisi pour suppléant le frère Pacot.

Le frère Piraud est nommé Trésorier ; le frère Bergeri, suppléant.

Commissaires de série :

2ᵉ série, le frère Durand ; suppléant, le frère Lemâle fils ;

3ᵉ série, le frère Degrey ; suppléant, le frère Fabrègues père.

24 *septembre* 1837. — Renouvellement partiel du Bureau :

Secrétaire, le frère Comte ; suppléant, le frère Oppert.
Trésorier, le frère Piraud ; suppléant, le frère Bergeri.

Renouvellement partiel des Commissaires de série :
1ʳᵉ série, le frère Civique ;
3ᵉ série, le frère Sappey ; suppléant, le frère Rozier ;
5ᵉ série, le frère Boilat ; suppléant, le frère Lattier ;
6ᵉ série, le frère Lajon ; suppléant, le frère Chabert ;
7ᵉ série, le frère Leclerc ; suppléant, le frère Détroyat.

26 *novembre* 1837. — Installation du Bureau.

30 *septembre* 1838. — Renouvellement partiel du Bureau :

Commissaire général, le frère Laval.
Trésorier, le frère Piraud ; suppléant, le frère Bergeri.
Renouvellement partiel des Commissaires de série :
4ᵉ série, le frère Millat ; suppléant, le frère Pacaud ;
5ᵉ série, le frère Boilat ; suppléant, le frère Lattier.

20 *octobre* 1839. — Renouvellement du Bureau :

Commissaire général, le frère Sappey ; suppléants, les frères Comte fils et Oppert.

Secrétaire, le frère Fagot ; suppléant, le frère Pacaud.

Trésorier, le frère Bergeri ; suppléant, le frère Barthélemy.

Renouvellement partiel des Commissaires de série :

1re série, le frère Brille ; suppléant, le frère Allouard neveu ;

2e série, le frère Lemâle fils ; suppléant, le frère Durand ;

3e série, le frère Barthelon ; suppléant, le frère Montaland ;

7e série, le frère Allouard oncle ; suppléant, le frère Leclerc.

27 *octobre* 1839. — Installation du Bureau.

4 *octobre* 1840. — Renouvellement partiel du Bureau :

Commissaire général, le frère Barthélemy; suppléants, les frères Laval et Laurent Cler.

Trésorier, le frère Bergeri ; suppléant, le frère Douville.

25 *octobre* 1840. — Nomination des Commissaires de série, F. Millat, Boilat, Lajon, Civet et Barbier.

15 *novembre* 1840. — Installation des nouveaux élus.

5 *septembre* 1841. — Renouvellement du Bureau :

Commissaire général, le frère Cler ; suppléants, les frères Barthélemy et Fagot.

Secrétaire, le frère Oppert ; suppléant, le frère Durand.

Trésorier, le frère Bergeri.

Renouvellement des Commissaires de série :

1re série, le frère Delrieux ; suppléant, le frère Humbert ;

2e série, le frère Laverrière ; suppléant, le frère Cler aîné ;

3e série, le frère Montaland ; suppléant, le frère Achard ;

4° série, le frère Davilaure ; suppléant, le frère Ravaud ;

5° série, le frère Ogier ; suppléant, le frère Boilat.

10 *octobre* 1841. — Installation des nouveaux élus.

11 *septembre* 1842. — Renouvellement partiel du Bureau :

Commissaire général, le frère Cler aîné ; suppléant, le frère Fagot.

Pas d'autres nominations.

24 *septembre* 1843. — Renouvellement partiel du Bureau :

Secrétaire, le frère Oppert ; suppléant, le frère Durand (démissionnaires).

Trésorier, le frère Bergeri ; suppléant, le frère Douville.

15 *octobre* 1843. — Installation des nouveaux élus les 24, 27, 28 et 29 septembre 1843.

22 *septembre* 1844. — Renouvellement partiel du Bureau :

Commissaire général, le frère Bathélemy ; suppléant, le frère Boilat père.

Trésorier, le frère Bergeri ; suppléant, le frère Douville.

26 *septembre* 1844. — Nomination comme secrétaire du frère Comte ; suppléant, le frère Piraud. Refus d'acceptation.

16 *octobre* 1844. — Nomination comme secrétaire du frère Drevet ; suppléant, le frère Trivet.

20 *octobre* 1844. — Installation du Bureau.

28 *septembre* 1845. — Renouvellement partiel du Bureau :

Deux secrétaires : le frère Drevet ; suppléant, le frère Bonneton, et le frère Comte ; suppléant, le frère Gauthier.

2

Trésorier, le frère Bergeri ; suppléant, le frère Douville.

Commissaire de la 7ᵉ série, le frère Davilaure ; suppléant, le frère Allouard.

30 *septembre* 1815. — Nomination du Commissaire de la 1ʳᵉ série, le frère Delrieux ; suppléant, le frère Civet.

1ᵉʳ *octobre* 1845. — Nomination du Commissaire de la 3ᵐᵉ série, le frère Fabrègues ; suppléant, le frère Achard.

2 *octobre* 1845. — Nomination du Commissaire de la 5ᵉ série, le frère Allogueit ; suppléant, le frère Vernet.

26 *octobre* 1845. — Installation des nouveaux élus.

27 *septembre* 1846. — Renouvellement partiel du Bureau :
Commissaire général, le frère Barthélemy ; suppléant, le frère Boilat père.
Trésorier, le frère Bergeri ; suppléant, le frère Douville.

23 *février* 1847. — Décision d'une Commission d'enquête prononçant la radiation des frères Bartholon, Chastaing, Rossin, Ferratge, Civique.

26 *février* 1847. — Avis conforme du Conseil extraordinaire. Radiation prononcée par l'Assemblée générale.

26 *septembre* 1847. — Renouvellement partiel du Bureau :
Suppléant du Commissaire général, le frère Douville.
Deux secrétaires : le frère Comte ; suppléant, le frère Gauthier, et le frère Abonnin ; suppléant, le frère Bonneton.
Trésorier, le frère Bergeri ; suppléant, le frère Drevet.
Renouvellement partiel des Commissaires de série :
1ʳᵉ série, le frère Meyer ; suppléant, le frère Delrieux ;
3ᵉ série, le frère Dubost ; suppléant, le frère Bourgeat ;
5ᵉ série, le frère Ruelle ; suppléant, le frère Armand ;
7ᵉ série, le frère Davilaure ; suppléant, le frère Lemâle aîné.

17 *octobre* 1847. — Installation des membres nommés le 26 septembre.

17 *septembre* 1818. — Renouvellement partiel du Bureau :

Commissaire général, le frère Barthélemy ; suppléant, le frère Fagot.

Trésorier, le frère Bergeri ; suppléant, le frère Cler.

Renouvellement partiel des Commissaires de série :

2ᵉ série, le frère Millet ; suppléant, le frère Perrin ;

4ᵉ série, le frère Pacaud ; suppléant, le frère Bron ;

6ᵉ série, le frère Lemâle ; suppléant, le frère Adolphe Meyer.

15 *octobre* 1818. — Installation des nouveaux élus.

30 *septembre* 1849. — Renouvellement partiel du Bureau :

Deux secrétaires : le frère Comte ; suppléant, le frère Gauthier, et le frère Abonnin ; suppléant, le frère Bonneton.

Trésorier, le frère Bergeri ; suppléant, le frère Cler.

Renouvellement partiel des Commissaires de série :

1ʳᵉ série, le frère Meyer ; suppléant, le frère Delrieux ;

2ᵉ série, le frère Ducroiset ; suppléant, le frère Perrin ;

3ᵉ série, le frère Dubost ; suppléant, le frère Bourgeat ;

5ᵉ série, le frère Ruelle ; suppléant, le frère Olagnier ;

7ᵉ série, le frère Davilaure.

4 *novembre* 1849. — Installation des nouveaux élus.

22 *septembre* 1850. — Renouvellement partiel du Bureau :

Commissaire général, le frère Barthélemy ; suppléant, le frère Fagot.

Trésorier, le frère Bergeri ; suppléant, le frère Cler.

Renouvellement partiel des Commissaires de série :

2ᵉ série, le frère Ducroiset ; suppléant, le frère Perrin ;

4ᵉ série, le frère Pacaud ; suppléant, le frère Bron ;

6ᵉ série, le frère Henri Ravaud ; suppléant, le frère Adolphe Meyer.

1" *décembre* 1850.—Démission des frères Fagot et Cler, suppléants du Commissaire général et du Trésorier.

Nomination du frère Laval, suppléant du Commissaire général, et du frère Boilat, suppléant du Trésorier.

8 *décembre* 1850. — Installation des nouveaux élus.

28 *septembre* 1851. — Renouvellement partiel du Bureau :

Deux secrétaires : le frère Comte ; suppléant, le frère Gauthier, et le frère Abonnin ; suppléant, le frère Bonneton.

Trésorier, le frère Bergeri ; suppléant, le frère Boilat.

Commissaire de la 7ᵉ série, le frère Davilaure ; suppléant, le frère Lemâle aîné.

30 *septembre* 1851. — Renouvellement partiel des Commissaires de série :

1ʳᵉ série, le frère Meyer aîné ; suppléant, le frère Delrieux ;

2ᵉ série, le frère Auguste Morel ; suppléant, le frère Perrin.

1" *octobre* 1851. — Nomination du Commissaire de la 3ᵉ série, le frère Dubost ; suppléant, le frère Boilat.

2 *octobre* 1851. — Nomination du Commissaire de la 5ᵉ série, le frère Ruelle ; suppléant, le frère Daspres.

2 *novembre* 1851. — Installation des nouveaux élus.

28 *juillet* 1852. — Radiation du frère Chamoulaud.

28 *septembre* 1852. — Nomination du Commissaire de la 2ᵉ série, le frère Pacaud ; suppléant, le frère Perrin.

29 *septembre* 1852. — Nomination du Commissaire de la 4ᵉ série, le frère Ravaud ; suppléant, le frère Bron.

30 *septembre* 1852. — Nomination du Commissaire de la 6ᵉ série, le frère André Lemâle ; suppléant, le frère Adolphe Meyer.

Exécution de la circulaire ministérielle du 5 juillet 1852 sur les Sociétés de secours mutuels.

Renseignements demandés sur l'administration de ces Sociétés et sur leur situation financière.

Tableaux à garnir de conformité à cette circulaire du 5 juillet 1852.

Lettre adressée à M. le Maire de Grenoble par les Commissaires généraux réunis, exprimant à ce magistrat les craintes des diverses Sociétés et l'impossibilité à peu près matérielle où elles se trouvent de répondre, dans un délai aussi rapproché, aux demandes formulées dans les nombreuses colonnes des tableaux transmis aux Commissaires généraux.

Réponse de M. le Maire aux Commissaires généraux, les rassurant sur les inquiétudes que paraissent leur avoir fait concevoir les questions minutieuses et détaillées de la circulaire ministérielle. Ces questions n'ont d'autre but que de recueillir, dans l'intérêt public, des données statistiques déduites de l'expérience acquise, propres à éclairer le Gouvernement et les nouvelles sociétés à créer sur les meilleures dispositions à suivre pour assurer leur institution et leur succès.

M. le Maire ajoute que la ville de Grenoble peut à bon droit s'enorgueillir d'avoir à fournir les exemples les plus nombreux, les plus anciens et les plus prospères. Répandre ces exemples, c'est contribuer à la propagation des Sociétés que le Gouvernement désire se voir former dans chaque commune.

M. le Maire espère que les Sociétés grenobloises ne refuseront pas de donner ce concours sans appréhension, mais, au contraire, avec un légitime orgueil et avec la satisfaction d'un devoir de bienfaisance accompli.

M. le Maire rassure les Commissaires généraux et les prie de tranquilliser les sociétaires qui auraient pu concevoir des inquiétudes. Il ajoute que les Sociétés de bienfaisance de Grenoble sont chères à l'administration municipale; qu'en aucune occasion son patronage et son appui ne leur feront défaut ; qu'elles n'ont à redouter aucun acte qui porterait atteinte soit à leur existence, soit à leur caractère ou à leur libre administration.

Que les difficultés trouvées à rechercher les renseignements demandés pourront, il l'espère, être diminuées, et qu'il réclame l'intervention de M. le Préfet pour que M. le Ministre de l'agriculture, du commerce et des travaux publics, se contente de recevoir ces renseignements pour 1852 et les années suivantes, et même pour que les Commissaires généraux soient dispensés de les fournir nominativement.

Les instances de M. le Préfet auprès de M. le Ministre ont abouti ; car les Sociétés, depuis 1852, n'ont fourni, à la fin de chaque année, que des renseignements, importants sans doute, se rattachant : 1° au nombre de membres honoraires et titulaires ; 2° au nombre de journées de maladie payées ; 3° au chiffre des recettes et des dépenses annuellement effectuées ; 4° au montant des capitaux constituant l'avoir de la Société au 31 décembre.

18 *décembre* 1852. — Le frère Abonnin, secrétaire de comptabilité, donne sa démission ; il est immédiatement remplacé par le frère Cler.

30 *janvier* 1853. — Installation du Bureau.

16 *novembre* 1853. — La Société affecte une somme de 2,000 fr. à l'achat de grains.

18 *décembre* 1853. — Renouvellement partiel du Bureau :

Secrétaire des séances, le frère Boilat fils ; suppléant, le frère Gonthier ;

Secrétaire comptable, le frère Ducroiset ; suppléant, le frère Bonneton.

Trésorier, le frère Bergeri ; suppléant, le frère Boilat père.

Renouvellement partiel des Commissaires de série :

1° série, le frère Mayer aîné ; suppléant, le frère Berard ;

3° série, le frère Fabrègues père ; suppléant, le frère Fabrègues fils ;

5° série, le frère Ruelle ; suppléant, le frère Adolphe Meyer ;

Suppléant du Commissaire de la 6° série, le frère Henri Ravaud ;

7ᵉ série, le frère Davilaure; suppléant, Lemâle aîné.

29 *janvier* 1854. — Installation du Bureau.

17 *décembre* 1854. — Elections partielles du Bureau :

Commissaire général, le frère Barthélemy; suppléant, le frère Laval.

Trésorier, le frère Bergeri ; suppléant, le frère Boilat.

Renouvellement partiel des Commissaires de série :

2ᵉ série, le frère Perrin; suppléant, le frère Burret ;

4ᵉ série, le frère Pacaud ; suppléant, le frère Bron ;

5ᵉ série, le frère Meyer ; suppléant, le frère Déchaux ;

6ᵉ série, le frère Lemâle; suppléant, le frère Ravaux.

28 *janvier* 1855. — Installation des membres élus.

16 *décembre* 1855. — Vote de 1,000 fr. pour achat de grains.

Renouvellement partiel du Bureau :

Secrétaire des séances, le frère Boilat fils.

Secrétaire comptable, le frère Gonthier ;

Trésorier, le frère Bergeri; suppléant, le frère Boilat père.

Renouvellement partiel des Commissaires de série :

1ʳᵉ série, le frère Meyer; suppléant, le frère Berard :

3ᵉ série, le frère Millet; suppléant, le frère Martinet ;

5ᵉ série, le frère Adolphe Meyer; suppléant, le frère Déchaux ;

7ᵉ série, le frère Davilaure; suppléant, le frère Lemâle aîné.

27 *janvier* 1856. — Installation des nouveaux élus.

14 *décembre* 1856.— Renouvellement partiel du Bureau.

Commissaire général, le frère Barthélemy; suppléant, le frère Laval.

Trésorier, le frère Bergeri ; suppléant, le frère Boilat père.

Commissaire de la 7ᵉ série : le frère Fabrègues père.

1ᵉʳ *février* 1857. — Installation des nouveaux élus.

28 *juin* 1857. — Le Commissaire général demande que

le frère Fagot lui soit adjoint pour l'aider dans l'accomplissement de sa mission.

20 *décembre* 1857. — Renouvellement partiel du Bureau.

Secrétaire de comptabilité, le frère Boilat; suppléant, le frère Bonneton.

Secrétaire des séances, le frère Caillat; suppléant, le frère Lattier fils.

Trésorier, le frère Bergeri; suppléant, le frère Boilat.

Renouvellement partiel des Commissaires de série :

1" série, le frère Meyer; suppléant, le frère Berard;

3° série, le frère Martinet; suppléant, le frère Thorand;

5° série, le frère Adolphe Meyer; suppléant, le frère Déchaux.

31 *décembre* 1857. — Installation des nouveaux élus.

20 *décembre* 1858. — Renouvellement partiel du Bureau.

Commissaire général, le frère Barthélemy; suppléants, les frères Laval et Fagot.

Trésorier, le frère Bergeri; suppléant, le frère Boilat père.

Renouvellement partiel des Commissaires de série :

2° série, le frère Denier; suppléant, le frère Perrin;

4° série, le frère Pacaud; suppléant, le frère Bron;

6° série, le frère Sibert; suppléant, le frère André Lemâle.

13 *février* 1859. — Installation des nouveaux élus.

11 *décembre* 1859. — Renouvellement partiel du Bureau.

Secrétaire de comptabilité, le frère Boilat; suppléant, le frère Bonneton.

Secrétaire des séances, le frère Caillat; suppléant, le frère Ruelle.

Renouvellement partiel des Commissaires de série :

1" série, le frère Humbert; suppléant, le frère Vieuge;

3° série, le frère Fabrègues père; suppléant le frère Abonnin;

5° série, le frère Adolphe Meyer; suppléant, le frère Déchaux.

5 *février* 1860. — Installation des nouveaux élus.

16 *décembre* 1830.— Renouvellement partiel du Bureau :

Commissaire général, le frère Barthélemy ; suppléants, les frères Fagot et Laval.

Trésorier, le frère Bergeri ; suppléant, le frère Boilat père.

Renouvellement partiel des Commissaires de série :

2ᵉ série, le frère Denier ; suppléant, le frère Perrin ;
3ᵉ série, le frère Manthe ; suppléant, le frère Bertrand ;
4ᵉ série, le frère Ravaud ; suppléant, le frère Bron ;
6ᵉ série, le frère Lemâle ; suppléant, le frère Morin.

24 *février* 1861. — Installation des nouveaux élus.

22 *décembre* 1861.— Renouvellement partiel du Bureau :
Secrétaire de comptabilité, le frère Boilat.
Secrétaire des séances, le frère Caillat.
Secrétaire des convocations, le frère Ruelle.

16 *février* 1862. — Installation des nouveaux élus.

14 *décembre* 1862.— Renouvellement partiel du Bureau :
Commissaire général, le frère Fagot ; suppléants, les frères Laval et Gonthier.

Trésorier, le frère Bergeri ; suppléant, le frère Cler.

La Société décide que le portrait du regretté frère Barthélemy, décédé Commissaire général, sera fait à ses frais et exposé dans la salle des réunions. En prenant à sa charge les frais de ce portrait, la Société a voulu perpétuer le souvenir du bon citoyen et conserver à la mémoire de tous les services importants qu'il a rendus à la Société pendant les longues années qu'il l'a administrée avec tout le zèle, le dévoûment et le désintéressement qui l'ont toujours animé.

Le frère Bergeri a droit aussi à toute notre reconnaissance : il était à la fois un administrateur intègre et distingué. Bon et généreux, le frère Bergeri a toujours rempli sa mission avec le dévoûment le plus complet et n'a pas peu contribué à la réussite de l'œuvre à laquelle il s'était dévoué.

1ᵉʳ *février* 1863. — Installation des nouveaux élus.

13 *décembre* 1863. — Renouvellement partiel du Bureau :
Secrétaire de comptabilité, le frère Gonthier fils ; suppléant, le frère Barbier fils.

Trésorier, le frère Bergeri ; suppléant, le frère Cler.

Secrétaire des convocations, le frère Meyer aîné.

15 *février* 1864. — Renouvellement partiel des Commissaires de série :

1re série, le frère Tissier ; suppléant, le frère Avenier ;

3e série, le frère Manthe ; suppléant, le frère Arnoux ;

5e série, le frère Adolphe Meyer ; suppléant, le frère Baptiste Meyer.

21 *février* 1864. — Installation des nouveaux élus.

11 *décembre* 1864. — Renouvellement partiel du Bureau :
Commissaire général, le frère Gonthier père ; suppléant, le frère Ducroiset.

Secrétaire des séances, le frère Cler ; suppléant, le frère Caillat.

Renouvellement partiel des Commissaires de série :
Suppléant du Commissaire de la 1re série, le frère Savioze ;

2e série, le frère Péronnet ; suppléant, le frère Perrin ;

4e série, le frère Ravaud ; suppléant, le frère Ailloud ;

6e série, le frère Courbis ; suppléant, le frère André Lemâle.

29 *janvier* 1865. — Installation des nouveaux élus.

21 *mai* 1865. — Renouvellement partiel du Bureau :
Suppléant du Commissaire général, le frère Charles.

Suppléant du Secrétaire de comptabilité, le frère Rozier.

Suppléant du Trésorier, le frère Henri Ravaud.

17 *décembre* 1865. — Renouvellement partiel du Bureau :
Suppléant du Commissaire général, le frère Fagot.

Suppléant du Secrétaire des séances, le frère Béthoux.

Secrétaire de comptabilité, le frère Rozier ; suppléant, le frère Abonnin.

Renouvellement partiel des Commissaires de série :
1re série, le frère Charron ; suppléant, le frère Lauroze ;

3e série, le frère Bertrand ; suppléant, le frère Gontard ;

5ᵉ série, le frère Adolphe Meyer ; suppléant, le frère Baptiste Meyer ;

6ᵉ Suppléant du Commissaire de la 6ᵉ série, le frère Michon.

4 *février* 1866. — Installation des nouveaux élus.

16 *décembre* 1866. — Renouvellement partiel du Bureau :
Commissaire général, le frère Gonthier ; suppléant, le frère Ducroiset.

Trésorier, le frère Cler ; suppléant, le frère Ravaud ;
Secrétaire des séances, le frère Béthoux ; suppléant, le frère Sauzière.

Renouvellement partiel des Commissaires de série :
1ʳᵉ série, le frère Tissier ; suppléant, le frère Charles ;
2ᵉ série, le frère Péronnet ; suppléant, le frère Perrin ;
4ᵉ série, le frère Ailloud ; suppléant, le frère Ravaud ;
5ᵉ série, le frère Adolphe Meyer ; suppléant, le frère Baptiste Meyer ;
6ᵉ série, le frère Courbis père ; suppléant, le frère Courbis fils.

23 *octobre* 1867. — Prélèvement de 1,700 fr. sur les ressources pour achat de grains.

1ᵉʳ *mars* 1868. — Renouvellement partiel du Bureau :
Trésorier, le frère Cler ; suppléant, le frère Cœur.
Secrétaire de comptabilité, le frère Rozier ; suppléant, le frère Gonthier ;

Renouvellement partiel des Commissaires de série :
1ʳᵉ série, le frère Tissier ; suppléant, le frère Jail ;
3ᵉ série, le frère Bertrand ; suppléant, le frère Gontard ;
5ᵉ série, le frère André Meyer ; suppléant, le frère Meyer fils.

24 *mai* 1868. — La salle des réunions est transférée de la rue Chenoise à la rue du gaz.

3 *janvier* 1869. — Renouvellement partiel du Bureau :
Commissaire général, le frère Fagot ; suppléant, le frère Gonthier père.
Trésorier, le frère Ducroiset ; suppléant, le frère Cœur ;

Secrétaire de comptabilité, le frère Rozier ; suppléant, le frère Gonthier fils.

Secrétaire des séances, le frère Béthoux ; suppléant, le frère Sauzière.

5 *janvier* 1869. — Renouvellement partiel des Commissaires de série :

Suppléant du Commissaire de la 1re série, le frère Tissot ;

2e série, le frère Péronnet ; suppléant, le frère Perrin ;

3e série, le frère Ferrand ; suppléant, le frère Gontard ;

4e série, le frère Ailloud ; suppléant, le frère Michon ;

6e série, le frère Courbis père ; suppléant, le frère Courbis fils.

24 *février* 1869. — Installation des nouveaux élus.

12 *juin* 1870. — Nomination comme vice-président du frère Gonthier père ; suppléant, le frère Gonthier fils.

19 *octobre* 1870. — Placement de 10,000 fr. sur l'emprunt municipal de la Ville de Grenoble.

26 *février* 1871. — Renouvellement du Bureau :

Commissaire général, le frère Gonthier fils ; suppléants, les frères Ducroiset et Boilat fils.

Trésorier, le frère Déchaux ; suppléant, le frère Cœur.

Secrétaire de comptabilité, le frère Jules Maurel ; suppléant, le frère Lancelot.

Secrétaire des séances, le frère Dubost ; suppléant, le frère Bonnet.

Secrétaire des convocations, le frère Guilliard.

Installation des nouveaux élus.

12 *novembre* 1871. — Nomination du frère Fabrègues fils comme Commissaire général, en remplacement du frère Gonthier, démissionnaire ;

Du frère Chazot comme Secrétaire des séances, en remplacement du frère Dubost, démissionnaire.

14 *novembre* 1871. — Nomination du Commissaire de la 1re série, le frère Baladier ; suppléant, le frère Girard Blanc.

11 *mai* 1872. — Le frère André Morel est nommé Commissaire de la 3ᵉ série, en remplacement du frère Ferrand, démissionnaire ; le frère Ferrand est nommé suppléant du Commissaire.

4 *janvier* 1873. — Nomination du frère Xavier Tissier comme Commissaire de la 1ʳᵉ série, et du frère Perrin, Commissaire de la 6ᵉ série, en remplacement de deux démissionnaires.

2 *mars* 1873. — Acceptation d'un legs de 1,000 fr. fait à la Société par Mᵐᵉ Cochard, payable après le décès de M. Cochard, membre honoraire de la Société.

Nomination du frère Millet comme vice-président, en remplacement du frère Rozier, démissionnaire.

24 *décembre* 1873. — Le Commissaire général est autorisé à disposer de la somme nécessaire afin de contribuer, avec les autres Sociétés de la ville, aux mesures devant remédier au renchérissement des denrées alimentaires, blé, farine et pain.

15 *mars* 1874. — Une perte de 2 fr. 25 p. 100 est constatée sur les 1,700 fr. engagés en 1867-68 dans la coopération pour la fabrication du pain à prix réduit, plus les intérêts du capital de 1,700 fr.

25 *mars* 1874. — Renouvellement du Bureau :

Commissaire général, le frère Fabrègues fils ; suppléants, les frères Millet et Septépée.

Trésorier, le frère Déchaux ; suppléant, le frère Jacquin.

Secrétaire des séances, le frère Chazot ; suppléant, le frère Courbis.

Secrétaire de comptabilité, le frère Balleydier ; suppléant, le frère Bonnet.

M. Minder est nommé médecin de la Société.

Renouvellement des Commissaires de série :

1ʳᵉ série, le frère Xavier Tissier ; suppléant, le frère Lauroze.

2ᵉ série, le frère Sadoux ; suppléant, le frère Richard ;

3ᵉ série, le frère Morel ; suppléant, le frère Ferrand ;

4ᵉ série, le frère Ravaud ; suppléant, le frère Bellot ;

5° série, le frère Garcin ; suppléant, le frère Jacquemet ;

6° série, le frère Perrin fils ; suppléant, le frère Charles Morel.

20 *mars* 1875. — Renouvellement partiel des Commissaires de série :

1" série, le frère Paquet ; suppléant, le frère Thorant ;

7° série, le frère Guenin ; suppléant, le frère Villeton.

11 *novembre* 1875. — La Société décide la création d'une caisse de retraite, pour la création de laquelle une somme de 10,000 fr. sera prélevée sur celle de secours.

12 *novembre* 1876. — Par un vote de confiance donné au Trésorier par l'Assemblée, il est adjoint à une commission désignée pour opérer le placement de la somme excédant l'encaisse qui doit lui rester, et celui des sommes à retirer de la Ville de Grenoble, de la Caisse d'épargne, de la Compagnie du chemin de fer de la Méditerranée.

17 *février* 1877. — Nomination du Conseil d'administration :

106 votants.

Commissaire général, le frère Fabrègues obtient. 105 suf.
Premier suppléant, le frère Millet.............. 103 —
Deuxième suppléant, le frère Balleydier........ 69 —
Trésorier, le frère Bertrand aîné.............. 60 —
Suppléant, le frère Dupuy .... 57 —
Secrétaire de comptabilité, le frère Millet....... 75 —
Suppléant, le frère Gondoin .... 57 —
Secrétaire des séances, le frère Chazot.......... 104 —
Suppléant, le frère Courbis................... 97 —
Secrétaire amendeur, le frère Guilliard......... 92 —
Suppléant, le frère Michaud .... 97 —
Trésorier de la caisse de retraite, le frère Sauzière........................... 89 —
Suppléant, le frère Amédée Millet.............. 76 —
Secrétaire du Trésorier, le frère Genzanna...... 76 —
Suppléant, le frère Perronat.................. 56 —

13 *mars* 1877. — Renouvellement partiel des Commissaires de série :

1" série, le frère Paquet ; suppléant, le frère Thorand ;

2° série, le frère Sadoux ; suppléant, le frère Richard ;

3° série, le frère Lesbros ; suppléant, le frère Jules Guimet.

14 *mars* 1877. — Renouvellement partiel des Commissaires de série :

4° série, le frère Ravaud ; suppléant, le frère Bourreau ;

5° série, le frère Jacquemet; suppléant, le frère Truchet ;

6° série, le frère Charles Courbis ; suppléant, le frère Frélon.

7° série, le frère Eugène David ; suppléant, le frère Sappey.

13 *mai* 1877. — Installation des membres du Conseil d'administration.

Le Commissaire général remercie l'Assemblée de l'avoir de nouveau, à l'unanimité des suffrages, appelé à la présidence.

Il prononce à cet effet un discours dont l'Assemblée demande la transcription au registre et dont voici le résumé :

Le Commissaire général promet de veiller au maintien de l'ordre dans les assemblées et les réunions, élément indispensable pour maintenir la Société au rang qu'elle s'est acquis par la sagacité et le travail des anciens administrateurs ; de faire l'application rigoureuse du règlement dans tous les cas et de ne jamais y apporter la moindre infraction.

Il remercie le frère Millet, vice-président, et rend hommage à l'aménité, à la douceur de son caractère et à l'esprit de sagesse qui le caractérise.

En adressant ses remercîments à l'ancien Trésorier, le frère Déchaux, le Commissaire général fait ressortir en termes fort bien sentis que ce n'est qu'à la coopération active de ce membre et à la régularité de la comptabilité qu'il a tenue, qu'est due la situation prospère de la caisse de la Société.

Il remercie le frère Chazot, secrétaire des séances, de l'esprit et des soins qu'il apporte à l'accomplissement de la mission qui lui est confiée.

Et le frère Guilliard, secrétaire amendeur, pour le louable dévoûment qu'il apporte à l'examen de son ingrate et difficile mission.

Après ses remerciments aux Commissaires de série, notamment au frère Ravaud, commissaire de la 4e, qui a reçu les félicitations spontanées des membres de sa série, le Commissaire général exprime l'espoir que les nouveaux administrateurs, à l'exemple de leurs devanciers, se tenant à la hauteur de la mission dont ils ont bien voulu se charger, l'aideront à supporter le poids des affaires et à porter plus haut encore, s'il est possible, la grandeur de notre belle institution.

Il a la conviction qu'il trouvera chez tous les membres de la Société l'amour du devoir, un désintéressement et un profond respect pour l'observation du règlement, qui est la loi de tous.

12 *août* 1877. — La Société refuse d'accepter la démission du frère Baleydier, nommé aux fonctions de suppléant du Commissaire général.

La Société décide qu'elle ne prendra, en ce moment, aucune part dans la création d'une parmacie coopérative projetée par les diverses Sociétés de la ville.

18 avril 1879. — Renouvellement du Bureau :

Commissaire général, le frère Fabrègues fils.

Vice-présidents, les frères Millet et Bertrand aîné.

Trésorier, le frère Sauzières.

Secrétaire de comptabilité, le frère Millet Claude ; suppléant, le frère Gondoin.

Archiviste, le frère Jay fils.

Secrétaire de séance, le frère Chazot ; suppléant, le frère Courbis Pierre.

Commissaire amendeur, le frère Guilliard ; suppléant, le frère Bois Alexis.

Commissaire visiteur, le frère Martenne ; suppléant, le frère Moullot.

Commissaire d'ordre, le frère Soquès ; suppléant, le frère Morin Félix.

Le frère Berthier est nommé Commissaire amendeur suppléant en remplacement du frère Bois Alexis, démissionnaire.

22 et 23 avril 1879. — Renouvellement des Commissaires de série :

1re série, le frère Rey - Giraud ; suppléant, le frère Girard ;

2e série, le frère Sadoux ; suppléant, le frère Richard ;

3e série, le frère Ferrand ; suppléant, le frère Morel ;

4e série, le frère Robert ; suppléant, le frère Bourreau ;

5e série, le frère Truchet ; suppléant, le frère Boulat ;

6e série, le frère Charles Courbis ; suppléant, le frère Frélon ;

7e série, le frère Dimet ; suppléant, le frère Sappey.

29 juin 1879. — Une médaille d'or est offerte, au nom de la Société, par les frères Abonnin et Bayard, au frère Président Fabrègues fils, pour son dévoûment à la Société.

25 mars 1880. — Le frère Viallet est nommé Commissaire de la 3e série en remplacement du frère Ferrand, démissionnaire.

13 février 1881. — Sur la proposition du frère Chazot, suppression des miches et cérémonies en usage, par 44 voix contre 16.

25 février 1882. — Le frère Millet, donnant sa démission de Vice-Président pour raison de santé, est remplacé par le frère Jules Morel.

20 mai 1882. — Rétablissement de la messe des morts

17 mars 1882. — Renouvellement du Bureau :

Commissaire général, le frère Fabrègues fils.

Vice-présidents, les frères Jules Morel et Déchaux père.

Trésorier, le frère Sauzières.

Secrétaire de comptabilité, le frère Claude Millet.

Secrétaire de séance, le frère Frélon.

Secrétaire suppléant, le frère Tissot.

Commissaire amendeur, le frère Guilliard.

Commissaire amendeur suppléant, le frère Berthier.

Commissaire visiteur, le frère Peyrard.

Commissaire visiteur suppléant, le frère Besson.

Commissaires d'ordre, les frères Veyron et Barret.

Renouvellement des Commissaires de série :

1" série, le frère Rey-Giraud ; suppléant, le frère Blanc;

2º série, le frère Sadoux ; suppléant, le frère Richard ;

3ª série, le frère Bertrand aîné ; suppléant, le frère Baïma ;

4ª série, le frère Bourreau ; suppl., le frère Allouard ;

5ª série, le frère Truchet ; suppléant, le frère Boilat;

6ª série, le frère Charles Courbis ; suppléant, le frère Pierre Courbis ;

7ª série, le frère Dupuy ; suppléant, le frère Genzana,

24 juin 1883. — Le frère Besson donne sa démission.

8 mars 1884. — Le frère Baleydier est nommé Commissaire visiteur suppléant ; le frère Ferrand est nommé Commissaire d'ordre.

31 mai 1884. — Démission du frère Président Fabrègues fils, qui, sur les instances de la Société, se décide à conserver son mandat jusqu'aux élections du 20 décembre 1884. Les cotisations mensuelles sont portées de 1 fr. 50 à 1 fr. 75.

14 mars 1885. — Renouvellement du Bureau :

Commissaire général, le frère Fabrègues fils.

Vice-Présidents, les frères Déchaux père et Boilat.

Trésorier, le frère Sauzières.

Secrétaire de comptabilité, le frère Millet.

Secrétaire de séance, le frère Frélon ; suppléant, le frère Tissot.

Commissaire amendeur, le frère Gondoin ; suppléant, le frère Kubuc.

Commissaire visiteur, le frère Peyrard ; suppléant, le frère Baleydier.

Commissaire d'ordre, le frère Veyron ; suppléant, le frère Ferrand.

Le frère Fabrègues fils donne sa démission de Commissaire général pour raison de santé.

7 juin 1885. — Le frère Sauzières est nommé Commissaire général.

Le frère Robert, Vice-Président.

28 juin 1885. — Sur la demande du frère Chazot, le frère Fabrègues fils est nommé Président honoraire.

5 septembre 1885. — Le frère Tailhade est nommé Trésorier.

Le frère Romanet, Commissaire amendeur.

Renouvellement partiel des Commissaires de série :

1re série, le frère Taureau ; suppléant, le frère Girard-Blanc ;

2e série, le frère Richard ; suppléant, le frère Roux ;

7e série, le frère Rochas ; suppléant, le frère Genzana.

5 décembre 1885. — Le frère Guimet est nommé suppléant du Secrétaire de séance.

Le frère Barret, suppléant au Commissaire d'ordre.

15 janvier 1887. — Renouvellement du Bureau :
Commissaire général, le frère Sauzières.
Vice-Présidents, les frères Baleydier et Chazot.
Trésorier, le frère Tailhades.
Secrétaire de comptabilité, le frère Robert.

Secrétaire de séance, le frère Frélon ; suppléant, le frère Guimet.

Secrétaire amendeur, le frère Romanet ; suppléant, le frère Ferrand.

Commissaire visiteur, le frère Peyrard ; suppléant, le frère Alexis Bois.

Commissaire d'ordre, le frère Veyron ; suppléant, le frère Barret.

17 septembre 1887. — Les frères Tailhades, Romanet et Frélon, donnent leur démission ; sont nommés :

Trésorier, le frère Pierre Courbis.

Secrétaire de séance, le frère Taureau.

Commissaire amendeur, le frère Allouard.

3 décembre 1887. — Démission du frère Pierre Courbis; le frère Déchaux fils est nommé Trésorier.

Le frère Giraud est nommé suppléant de la 1ʳᵉ série.

Le frère Louis Bayard est nommé suppléant de la 4ᵉ série.

Le frère Schevebel est nommé suppléant de la 5ᵉ série.

11 janvier 1889. — Renouvellement du Bureau :

Commissaire général, le frère Sauzières.

Vice-Présidents, les frères Baleydier et Chazot.

Trésorier, le frère Déchaux ; suppléant, le frère Robert.

Secrétaire de séance, le frère Repellin fils ; suppléant, le frère Guimet.

Commissaire amendeur, le frère Allouard ; suppléant, le frère Ferrand.

Commissaire visiteur, le frère Fabrègues fils ; suppléant, le frère Alexis Bois.

Commissaire d'ordre, le frère Veyron ; suppléant, le frère Barret.

23 mars 1889. — Trésorier, le frère Chazot ; suppléant, le frère Tailhades.

Vice-Président, le frère Genzana.

1889. — Après la lecture du rapport du frère Chazot au sujet de la retraite, l'âge est baissé de 65 à 60 ans par 69 voix contre 6.

23 juin 1889. — Réception de sept membres titulaires.

5 octobre 1889. — Réception de cinq membres titulaires.

Nomination d'une Commission de cinq membres chargée de voir s'il y a lieu de supprimer les secours au frère Jacquemet, qui travaille journellement ; sont nommés : les frères Chazot, Fabrègues, Taureau, Michaud et Guenin.

29 *novembre* **1889.** — Les secours du frère Jacquemet sont supprimés.

Réception de quatre membres titulaires.

La Commission nommée à la dernière assemblée est maintenue pour vérifier les changements à faire au nouveau règlement ; on y adjoint les frères Bertrand fils, Allouard, Repellin fils et Genzana.

Sur la demande du frère Fabrègues, un secours extraordinaire de 20 fr. est accordé au frère Cattier.

22 *mars* **1890.** — Réception de six membres titulaires.

Radiation des frères Frélon, Rochat, Julien èt Rubat pour retard.

31 *mai* **1890.** — Proposition par le frère Bertrand fils d'un banquet pour la fête de la Société. Acceptée.

21 *juin* **1890.** — L'Assemblée décide que ce sera le lendemain 22 juin, le dîner fraternel, et que la réunion est pour midi au Pont du Drac.

4 *octobre.* — Le docteur Guédel est désigné par l'Assemblée pour passer la visite aux adhérents ; il est en outre décidé que le prix de ladite visite sera payé par le titulaire.

Sur la proposition du frère Fabrègues, l'Assemblée décide que tout membre de la Société sera libre de choisir sont médecin en le payant lui-même ; les médicaments seuls sont à la charge de la Société.

14 *mars* **1891.** — Réception de cinq membres titulaires.

Sur la proposition du frère Bertrand fils, une Commission électorale est nommée pour faciliter le renouvellement du Bureau.

L'Assemblée décide en outre de faire imprimer le nouveau règlement et en laisse le soin à la Commission.

4 *avril* **1891.** — Renouvellement du Bureau :

La liste de la Commission électorale est élue à une forte majorité.

Commissaire général, le frère Sauzières.

Vice-Présidents, les frères Baleydier et Tailhades.

Trésorier, le frère Chazot.

Secrétaire de comptabilité, le frère Bertrand fils.

Secrétaire de séance, le frère Repellin fils.

Secrétaire amendeur, le frère Allouard.

Archiviste, le frère Slumico.

Commissaire d'ordre, le frère Gachet.

Commissaire visiteur, le frère Thaurau.

Suppléant du Secrétaire de séance, le frère Rozier.

Suppléant du Secrétaire amendeur, le frère Louis Bayard.

Suppléant du Commissaire d'ordre, le frère Louis Borel.

ARRÊTÉ

PORTANT

Règlement sur les Sociétés de bienfaisance mutuelle de la ville de Grenoble.

———————

Le Maire de la ville de Grenoble, chevalier de l'ordre impérial de la Légion d'honneur,

Vu les règlements constitutifs des Sociétés de bienfaisance mutuelle qui se sont formées à Grenoble sous l'approbation de l'autorité municipale, à diverses époques et bien avant que la loi se fût occupée de régler les conditions d'existence de ces sortes d'associations, alors peu nombreuses dans les autres villes de France ;

Vu la première loi relative aux Sociétés de secours mutuels, en date du 15 juillet 1850, laquelle dispose : « Que « ces Sociétés sont placées sous la protection et la sur- « veillance de l'autorité municipale (art. 4) et qu'elles « pourront, dans certains cas déterminés, être dissoutes « par le Gouvernement (art. 2) ; »

Vu le décret du 26 mars 1852, portant : « Qu'une So- « ciété de secours mutuels sera créée par les soins de « l'autorité locale dans chacune des communes où l'uti- « lité en aura été reconnue (art. 1") ; que les statuts de « ces Sociétés seront soumis à l'approbation du Préfet « (art. 7) ; qu'elles peuvent être suspendues ou dissoutes « par le Préfet, pour mauvaise gestion et inexécution de « leurs statuts (art. 16) ; »

Vu l'instruction de M. le Ministre de l'intérieur en date du 29 mai 1852, portant que le décret précité, en favorisant les Sociétés approuvées conformément à ses prescriptions, « ne change rien à la situation de celles qui « existent et qui ont été fondées sous un autre régime, et

« que le Gouvernement n'a nulle intention de les détruire
« tant qu'elles seront fidèles aux lois et règlements » ;

Considérant que les Sociétés de bienfaisance mutuelle
fondées jusqu'à ce jour à Grenoble n'ont été autorisées
que sous la condition de rester placées sous la protection
et la surveillance de l'autorité municipale ;

Considérant que cette condition de leur autorisation a
constitué un véritable contrat, premièrement entre la Société, être collectif et moral, s'engageant vis-à-vis de
l'autorité et vis-à-vis de chacun des sociétaires à obser-
ver le règlement approuvé par l'autorité ; secondement,
entre chaque associé, s'engageant individuellement envers l'autorité et envers la Société à respecter et obser-
ver le règlement, sous la condition que ses droits de
sociétaire lui seraient garantis par la Société et protégés
par l'autorité, et troisièmement, enfin, entre l'autorité
municipale, qui s'est engagée à maintenir son autorisation et sa protection, soit envers la Société, soit envers
chacun de ses membres, tant qu'ils respecteraient leurs
droits réciproques et observeraient toutes les conditions
de leur constitution ;

Considérant que les lois spéciales promulguées depuis
1848, loin d'avoir dérogé en aucune manière aux condition d'existence, de protection et de surveillance aux-
quelles étaient antérieurement soumises les Sociétés de
bienfaisance mutuelle, ont sanctionné, au contraire, et
maintenu implicitement ces mêmes conditions ; car on
ne saurait raisonnablement admettre qu'en exigeant des
obligations et des garanties particulières pour les Sociétés nouvelles qui se formeraient en vertu desdites lois, le
législateur eût voulu anéantir les conditions de même
nature dont avaient été entourées les Sociétés antérieures,
lesquelles n'émanent que de l'autorité municipale sanctionnée par l'administration supérieure ;

Considérant que cette interprétation, expressément
confirmée par l'instruction ministérielle ci-dessus citée, a
été constamment appliquée par l'autorité municipale aux
Sociétés de bienfaisance mutuelle de Grenoble, et que
celles-ci s'étaient toujours soumises, non seulement sans

discussion, mais, au contraire, avec reconnaissance, à ce patronage tutélaire ;

Considérant, dès lors, que c'est à tort que quelques-unes d'entre elles, en très petit nombre, ont prétendu, dans ces derniers temps, que la constitution de 1848, en proclamant le droit absolu de réunion et d'association, avait affranchi les Sociétés de bienfaisance mutuelle de tout contrôle et de toute surveillance de la part de l'autorité ;

Considérant qu'en supposant même, ce qui n'est pas, que la constitution de 1848 eût dérogé effectivement aux mesures de sûreté et de sécurité dont le maintien importe si essentiellement à la prospérité et même à l'existence des Sociétés de bienfaisance mutuelle, les effets de cette dérogation auraient cessé depuis que la constitution de 1852 a remplacé celle de 1848 ;

Considérant, néanmoins, que le petit nombre des Sociétés dissidentes a persisté dans une résistance sans motifs et que cette résistance a eu pour effet de faire considérer comme abrogés et, dès lors, sans autorité les deux règlements municipaux des 20 novembre 1842 et 25 avril 1846, qui avaient institué un Conseil supérieur et une Commission spéciale pour prononcer tant sur les difficultés qui peuvent naître dans le sein des Sociétés de bienfaisance mutuelle, que sur les recours dirigés contre les décisions disciplinaires des mêmes Sociétés ;

Considérant que cette conduite irréfléchie a déjà produit, dans le sein même des Sociétés dissidentes, les résultats fâcheux qui ne pouvaient manquer d'en être la conséquence ; que la division et l'anarchie s'y sont introduites ; que de graves abus ont eu lieu et n'ont pu être réprimés ; que des excès de pouvoir y ont été commis ; que des expulsions arbitraires ont été prononcées ; que les dispositions essentielles des règlements ont été violées, et que des sociétaires, victimes d'erreurs passionnées, se sont vus privés des garanties sous la foi desquelles ils avaient contracté ;

Considérant qu'un tel état de choses, menaçant pour l'existence des Sociétés, réclame un prompt remède ;

Considérant qu'à cet effet il importe de déterminer net-
tement et de façon à ne laisser aucun doute à l'avenir,
les rapports des Sociétés mutuelles de bienfaisance avec
l'autorité municipale, et de remettre formellement en
vigueur les règles antérieures dont l'expérience avait
démontré l'efficacité,

ARRÊTE :

Art. 1er. — Les Sociétés de bienfaisance mutuelle exis-
tant à Grenoble en dehors des conditions réglées par la
loi du 15 juillet 1850 et par le décret du 26 mars 1852,
continuent à demeurer placées sous la protection et la
surveillance immédiate de l'autorité municipale.

Art. 2. — Le Maire ou son délégué ont toujours le
droit d'assister à leurs séances. Lorsqu'il y assiste il les
préside.

Art. 3. — Aucune assemblée générale de Société ne
pourra être tenue ni convoquée avant que l'autorisation
en ait été donnée par le Maire.

Art. 4. — Les Sociétés grenobloises de bienfaisance
mutuelle continuent, d'ailleurs, comme par le passé, à
s'administrer et à gérer librement leurs revenus, suivant
les règles établies dans leurs statuts.

Art. 5. — Sont nulles de plein droit les modifications
qui seraient apportées au règlement d'une Société de bienfaisance sans avoir été préalablement soumises, comme
le règlement même, à l'approbation de l'autorité municipale et à l'homologation de M. le Préfet.

Art. 6. — Toutes les difficultés qui pourraient naître
dans le sein d'une Société de bienfaisance mutuelle et
dont le jugement n'aura pas été expressément attribué
par ses statuts, soit au Conseil qui compose son administration, soit à l'assemblée générale elle-même, seront
portées devant le Commissaire général dit Commissaire
d'office.

Art. 7. — Il en sera de même pour les réclamations ou
recours qui seraient formés contre les décisions ou mesures disciplinaires prononcées par les Sociétés.

Art. 8. — Chacun des commissaires généraux des Sociétés ou bureaux de bienfaisance mutuelle est appelé à son tour et suivant l'ordre des numéros assignés aux divers bureaux, à remplir les fonctions de Commissaire général d'office. Ces fonctions durent une année.

Art. 9. — Le Commissaire général d'office, en éclairant les parties sur leurs devoirs et leurs droits respectifs, s'efforcera de concilier et de terminer les différends.

Art. 10. — Lorsqu'il n'aura pu terminer une affaire par la conciliation, il en informera l'autorité municipale, qui saisira le Conseil supérieur pour avoir son avis.

Art. 11.— Le Conseil supérieur se compose de l'assemblée de tous les commissaires généraux des Sociétés de bienfaisance mutuelle de Grenoble.

Art. 12. — Il est convoqué par le Maire et se réunit sous sa présidence ou sous celle de l'un de ses adjoints, délégué à cet effet.

Art. 13. — La présence des deux tiers des membres qui composent le Conseil supérieur est nécessaire pour la validité de ses délibérations. Elles sont prises à la majorité des voix. En cas de partage, la voix du président est prépondérante.

Art. 14.— Le Conseil supérieur prend toutes les mesures qu'il juge convenables pour l'instruction des difficultés ou recours dont il est saisi. Tout membre de la Société intéressée est tenu de déférer à ses réquisitions.

Art. 15. — Le Commissaire général de la Société dans le sein de laquelle les difficultés seront nées, sera entendu par le Conseil supérieur à titre de renseignement seulement. Il ne pourra assister à la discussion, ni prendre part à la délibération du Conseil.

Art. 16. — Les administrateurs d'une Société que le Conseil supérieur aura reconnus coupable d'excès de pouvoir, de perceptions abusives ou d'irrégularités graves dans leur comptabilité, seront suspendus de leurs fonctions.

Art. 17. — Lorsque par l'application de l'article qui précède ou pour toute autre cause, l'Administration d'une Société aura été dissoute ou suspendue, le Conseil supérieur désignera au scrutin secret trois de ses membres pour remplir provisoirement les fonctions de président, de secrétaire et de trésorier, jusqu'à ce que l'Assemblée générale ait procédé à de nouvelles élections.

Art. 18. — Les décisions du Conseil supérieur ne seront exécutoires qu'après qu'elles auront été revêtues de l'approbation de l'autorité municipale.

Art. 19. — Rien n'est changé aux dispositions des statuts régulièrement approuvés des Sociétés de bienfaisance mutuelle de la ville de Grenoble. Le but que se propose l'autorité municipale est, au contraire, d'assurer l'entière et rigoureuse exécution de ces règlements.

Art. 20. — Le présent arrêté sera notifié aux commissaires généraux et aux commissaires générales de toutes les Sociétés, et devra être annexé au règlement de chacune d'elles.

Fait à Grenoble, en l'Hôtel de Ville, le 28 juillet 1853.

Le Maire,

J. ARNAUD.

Vu et approuvé :

Grenoble, le 2 février 1853.

Le Préfet de l'Isère,

J. BÉRARD.

CONSEIL SUPÉRIEUR DES SOCIÉTÉS DE SECOURS MUTUELS

RÈGLEMENT INTÉRIEUR

Vu l'arrêté de M. le Maire de la ville de Grenoble, en date du 25 janvier 1853, qui reconstitue le Conseil supérieur des Sociétés libres de secours mutuels de cette ville et en détermine les attributions ;

Vu les délibérations dudit Conseil, en date des 26 mai 1828, 22 avril 1850, 5 mai 1856 et 21 décembre 1857 ;

Considérant que, pour le fonctionnement régulier de cette assemblée, il importe d'arrêter certaines dispositions de détail non prévues audit arrêté,

Le Conseil supérieur adopte le Règlement d'ordre intérieur dont la teneur suit :

Art. 1er. — Aux termes de l'art. 2 de l'arrêté précité, le Conseil supérieur est exclusivement composé des Commissaires généraux des Sociétés d'hommes ; il est néanmoins admis que, lorsque ses réunions ont pour objet l'étude des questions intéressant la généralité des Sociétés d'hommes et de dames, les Commissaires générales de ces dernières Sociétés pourront y être convoquées et auront, dans ce cas, voix délibérative.

Art. 2. — Les réunions du Conseil sont obligatoires pour tous ses membres ; les Commissaires généraux et les Commissaires générales invités doivent tenir à honneur d'y assister, ou bien, en cas d'empêchement, s'y faire représenter par leurs suppléants ou suppléantes.

Les absences seront mentionnées au procès-verbal de la séance.

Art. 3. — Les convocations officielles du Conseil supérieur sont faites par M. le Maire, aux termes de l'arrêté constitutif, art. 12. Pourtant le Commissaire général d'office peut réunir ledit Conseil, officieusement, dans la salle de sa Société, lorsqu'il s'agit de communications à lui faire de la part de l'Administration municipale, ou de l'étude de propositions intéressant les Sociétés de secours mutuels de la localité.

Dans ce cas, M. le Maire recevra avis du jour et de l'objet de la réunion.

Art. 4. — Le Commissaire général d'office est tenu de mettre le plus de diligence possible dans l'étude des affaires qui lui sont soumises, afin que la solution de ces affaires ne souffre aucun retard.

Les décisions du Conseil supérieur, dont il a fait dresser procès-verbal, continueront d'être notifiées aux parties intéressées par les soins de M. le Maire.

Art. 5. — Pour faciliter l'instruction des cas litigieux, le Commissaire général d'office peut se faire assister d'un ou de plusieurs de ses Collègues, réunis en Commission consultative.

Art. 6. — Le Commissaire général d'office fait les convocations aux visites et cérémonies où le Conseil supérieur doit être représenté.

Art. 7. — En cas de décès d'un Commissaire général en fonctions, il invite ses Collègues à assister aux obsèques du défunt, en leur faisant connaître l'heure et le lieu de la réunion. Dans cette circonstance, les Commissaires généraux se font accompagner des membres formant le Bureau de leurs Sociétés.

Art. 8. — A l'expiration de son mandat, le Commissaire général d'office réunit dans la salle de sa Société le Conseil supérieur pour la transmission de ses pouvoirs à son successeur.

Cette formalité a lieu dans les premiers jours de mai. A cette occasion, le nouveau Commissaire général d'office convoque ses Collègues à un banquet fraternel, où les Vice-Présidents, Secrétaires et Trésoriers de chaque Bureau peuvent également être invités.

Art. 9. — Le Secrétaire des séances est nommé par le Conseil supérieur et pris dans son sein. Il tient le registre des délibérations; il est gardien des archives, qui sont déposées dans un placard de l'Hôtel de Ville ; une clef de ce placard est entre ses mains, la deuxième clef est remise au Commissaire général d'office.

Art. 10. — Toutes convocations ou invitations de la part du Commissaire général d'office, hors les cas d'urgence, sont faites par lettres individuelles portées à domicile 48 heures à l'avance. Le Concierge de sa Société reçoit à cet effet, pour ses courses, une rémunération dont le tarif est ainsi fixé :

1° Convocation des membres du Conseil supérieur...................................... 2 fr.

2° Convocation des membres du Conseil supérieur et de Mᵐᵉˢ les Commissaires générales...... 3 »

3° Convocation des membres des Commissions. 1 »

Art. 11. — Les dépenses faites par le Commissaire général d'office, soit pour imprimés, soit pour convocations ou tous autres frais, seront consignées sur un registre spécial. A la fin de sa gestion, il devra remettre à son successeur ce registre, ainsi que toutes les pièces, factures ou quittances. Les dépenses, vérifiées par le Conseil, seront ensuite réparties, par égales parts, entre toutes les Sociétés d'hommes. Le recouvrement de la quotité de ces dépenses sera fait par le nouveau Commissaire général d'office, qui en tiendra compte au Commissaire général sortant.

Art. 12. — MM. les Commissaires généraux sont invités à annexer le présent Règlement d'ordre intérieur aux Règlements de leurs Sociétés respectives.

Fait à Grenoble, le 17 août 1877.

Le *Président d'office,*　　　　　*Le Secrétaire,*

CHASTELAS.　　　　　　MARQUIAN.

Vu et approuvé :

Grenoble, le 8 novembre 1877.

Le Maire,

A. GACHÉ.

LISTE DES MEMBRES DE LA SOCIÉTÉ

Depuis sa fondation jusqu'au 31 décembre 1878

LISTE DES MEMBRES FONDATEURS

Du 1ᵉʳ septembre au 31 décembre 1821

MEMBRES HONORAIRES

Nᵒˢ D'ORDRE	NOMS et PRÉNOMS	PROFESSIONS	DATE de la RÉCEPTION	OBSERVATIONS
1	Dalban Eloi......	médecin.....	1ᵉʳ sept. 1821	décédé.
2	Perrotin Balthaz .	pharmacien .	id.	id.
3	Frier François ...	médecin.....	id.	id.
4	Arthaud Jean....	cloutier	id.	id.
5	Duvilaure Joseph.	charron.....	16 sept. 1821	id.

MEMBRES TITULAIRES

Nᵒˢ D'ORDRE	NOMS et PRÉNOMS	PROFESSIONS	DATE de la RÉCEPTION	OBSERVATIONS
1	Paul Pierre	chamoiseur..	1ᵉʳ sept. 1821	décédé.
2	Louis Thomée....	charron.....	id.	id.
3	Guerre Jean......	instituteur...	id.	id.
4	Bally Joseph.....	charron.....	id.	id.
5	Gaude Joseph....	id.	id.	id.
6	Lajon Ambroise..	maréchal....	id.	démissionnaire
7	Lambert Jean-M..	fondeur	id.	rayé en retard.
8	Charles André...	charron.....	id.	id.
9	Boilat Pierre.....	serrurier	id.	décédé.
10	Lajon Etienne....	maréchal....	id.	id.
11	Berger Jean......	charron.....	id.	id.
12	Auppert...... ...	orfèvre......	id.	rayé en retard.
13	Descole Pierre...		id.	id.
14	Galle Jean fils....		id.	décédé.
15	Duvilaure Pierre.	charron.....	id.	id.
16	Comte Ant. père..	serrurier	id.	id.
17	Dalban Eloi......	id.	id.	id.
18	Jourdan Joseph..	cloutier	id.	id.

N° D'ORDRE	NOMS et PRÉNOMS	PROFESSIONS	DATE de la RÉCEPTION	OBSERVATIONS
19	Reynaud J.-Bap..	bourrelier ...	1er sept. 1821	décédé.
20	Berger Pierre....	id. ...	id.	rayé en retard.
21	Thiervoz Jean....	forgeur......	id	décédé.
22	Rey François	fondeur	id.	id.
23	Expilly Louis....	charron	id.	id.
24	Ravaud Jacques..	forgeur......	id.	id.
25	Maurel-Marchand	charron	id.	id.
26	Barthélemy Cl...	orfèvre......	id.	id.
27	Boilat Pierre.....	serrurier	id.	id.
28	Andry Pierre....	ferblantier ..	id.	rayé en retard.
29	Jay Pierre.......	charron	id.	décédé.
30	Guionnet	id.	id.	rayé en retard.
31	Biron Joseph.....	id.	id.	décédé.
32	Gonnard Laurent.	id.	id.	id.
33	Dubois Jean-Bap.	forgeur......	id.	id.
34	Meyer André-F..	coutelier	id.	id.
35	Morin Georges...	charron	id.	id.
36	Godel...........	serrurier	id.	rayé en retard.
37	Motet Mathurin..	id. ...	id.	décédé.
38	Motet Claude fils.	id. ...	id.	rayé en retard.
39	Gauthier Joseph..	taillandier...	id.	décédé.
40	Chourot	charron	id.	rayé en retard.
41	Bonthoux Franç..	forgeur......	16 sept. 1821	id.
42	Chatelain Franç..	charron.....	id.	décédé.
43	Pallon Victor....	chaudronnier	id.	id.
44	Brun Joseph.....	cloutier	id.	id.
45	Dalbetant Franç.	serrurier	id.	id.
46	Jeoir Charles.....	chaudronnier	id.	id.
47	Reverdy Claude..	maréchal....	id.	id.
48	Goujon Antoine..	cloutier	id.	id.
49	Civet Pierre	maréchal....	id.	rayé en retard.
50	Kaupert Denis...	menuisier ...	id.	décédé.
51	Moulin Pierre....	cloutier	id.	démissionnaire.
52	Chollet	charron	id.	décédé.
53	Galle François...	ferblantier...	id.	id.
54	Malle Jean.......	bourrelier...	id.	id.
55	Pellissier Antoine	serrurier	id.	id.
56	Lambert Joseph..	charron	id.	id.
57	Ravaud André...	id.	id.	id.
58	Baret Antoine....	serrurier	id.	id.
59	Reynaud Baptiste	id.	id.	rayé en retard.
60	Sappey Marc.....	cafetier......	id.	décédé.
61	Septépée André..	bourrelier ...	id.	id.
62	Pilon Joseph.....	charron	id.	id.
63	Dalbant	serrurier	id.	id.
64	Legrand Charles.	id.	id.	id.

N.° D'ORDRE	NOMS et PRÉNOMS	PROFESSIONS	DATE de la RÉCEPTION	OBSERVATIONS
65	Gonthier fils.....	taillandier ..	16 sept. 1821	décédé.
66	Argentier........	charron.....	id.	id.
67	Caillat Jean......	forgeur	23 sept. 1821	id.
68	Deshomme Jos....	scieur de long	id.	id.
69	Dupré Claude....	id.	id.	id.
70	Rolle Fleury.....	serrurier	id.	id.
71	Lepère dit Lapierre..	id.	id.	id.
72	Simard Jean.....	charron.....	id.	démissionnaire
73	Guiffray	serrurier	id.	décédé.
74	Vachat Pierre....	fondeur.. ..	id.	id.
75	Lestrille J.-Bapt.	id.	id.	démissionnaire
76	Allouard Louis...		id.	décédé.
77	Héritier Georges.	scieur de long	id.	id.
78	Mouvial Martin ..	id.	id.	id.
79	Repelin Jean.....	forgeur	id.	id.
80	Kihouc Frédéric..	carrossier ...	id.	id.
81	Marcellin Jacques	bourrelier ...	30 sept. 1821	rayé en retard.
82	Maurel Hugues....	blanchisseur	id.	décédé.
83	Garcin Jean... ..	charron.....	id.	id.
84	Saive César......	culottier	id.	id.
85	Didier Joseph....	ferblantier ..	id.	id.
86	Drevon François.	cloutier	id.	id.
87	Lajon André.....	maréchal ...	id.	rayé en retard.
88	Trivery Jean.....	carrossier ...	id.	décédé.
89	Marbonne Louis.	forgeron	id.	rayé.
90	Belon Joseph....	orfèvre......	id.	décédé.
91	Meunier Camille..	charron.....	14 octob. 1821	rayé en retard.
92	Riondet Joseph...	ferblantier ..	id.	décédé.
93	Brenier Jean-B..	charron.....	id.	id.
94	Arnoux Jean.....	maréchal ...	id.	id.
95	Courtier Simon...	serrurier	id.	rayé.
96	Guillermond Jos.	orfèvre......	id.	décédé.
97	Marcel Blaise....	charron.....	21 octob. 1821	rayé en retard.
98	Ferrodet Jean....	forgeur	id.	décédé.
99	Vigier Simon....	maréchal ...	id.	rayé en retard.
100	Loubet François.	mécanicien..	id.	décédé.
101	Cattier Pierre....	charron.....	id.	rayé en retard.
102	Arnaud Joseph...	maréchal....	id.	id.
103	Leroy Laurent...	chaudronnier	id.	décédé.
104	Matraire Vincent.	coutelier	id.	rayé en retard.
105	Bernard Pierre...	boucher.....	id.	décédé.
106	Milliat François..	cafetier	id.	id.
107	Guillermond Den.	serrurier	id.	id.
108	Desgray J.-Louis.	coutelier	id.	id.
109	Bellin Gabriel....	armurier	id.	id.
110	Lattier Laurent..	ferblantier ..	id.	id.

N° D'ORDRE	NOMS et PRÉNOMS	PROFESSIONS	DATE de la RÉCEPTION	OBSERVATIONS
111	Daspre César ...	bourrelier ...	21 octob. 1821	démissionnaire
112	Collin François..	orfèvre......	id.	rayé en retard.
113	Bally Joseph.....	cloutier	28 octob. 1821	décédé.
114	Gavin Etienne....	coutelier	id.	rayé en retard.
115	Loch Guillaume..	orfèvre......	id.	décédé.
116	Gerard Dominiq..	id.	id.	id.
117	Pretal Jean......	serrurier	id.	id.
118	Gérente Jacques..	orfèvre......	id.	rayé en retard.
119	Gavin Joseph	horloger	id.	id.
120	Dermet Louis....	id.	id.	décédé.
121	Burnoud Philippe	serrurier	id.	id.
122	Bournal Joseph..	ferblantier...	id.	id.
123	Sanaigre Benoit..	forgeur......	id.	rayé en retard.
124	Cochard Claude..	maréchal....	id.	décédé.
125	Giroud François..	bourrelier ...	id.	rayé en retard.
126	Frances Alexis...	ferblantier...	id.	décédé.
127	Bouvier Toussaint	sellier..... .	id.	rayé en retard.
128	Bérouard Louis..	id.	id.	décédé.
129	Delaye..........	orfèvre......	id.	rayé en retard.
130	Trouillet François	id.	4 nov. 1821	id.
131	Evrard François .	cloutier	id.	id.
132	Laval Nicolas....	charron	id.	décédé.
133	Proussy François:	forgeur......	id.	id.
134	Bonnevie André..	fondeur	id.	id.
135	Perrin François..	casernier....	id.	id.
136	Noguès Bernard..	forgeur......	11 nov. 1821	id.
137	Demenjon Fréd..	ferblantier...	id.	id.
138	Sorrel Guillaume.	forgeur......	14 nov. 1821	id.
139	Dubost Claude...	armurier	18 nov. 1821	id.
140	Jacquier Joseph..	charron	id.	rayé.
141	Bachelat Claude..	scieur de long	id.	décédé.
142	Châtel Joseph....	ferblantier...	id.	rayé en retard.
143	Mathieu	charron	id.	id.
144	Morel....	id.	id.	id.
145	Reymond Joseph.	orfèvre......	id.	id.
146	Liothaud J.-Bapt.	graveur.....	id.	décédé.

RÉCAPITULATION

Admissions du 1er septembre au 19 novembre 1821 :

Membres honoraires 5
— titulaires............. 146

Total..... 151

Réceptions à partir du 1er janvier 1822

MEMBRES HONORAIRES

N° D'ORDRE	NOMS et PRÉNOMS	PROFESSIONS	DATE de la RÉCEPTION	OBSERVATIONS
1	Mollard..............	orfèvre......	3 avril 1822	rayé en retard.
2	Scellier...........	horloger	id.	décédé.
3	Noibet Pierre.....	propriétaire.	26 mai	id.
4	Gravier..........	id.	17 nov. 1822	id.
5	Roland Benjamin.	peintre......	15 déc. 1822	id.
6	Sappey..........	tailleur......	2 mars 1823	rayé en retard.
7	Germain Philippe	propriétaire.	id.	démissionnaire.
8	Couturier Charles	peintre......	31 mars 1823	id.
9	Nevail Jean-Bapt.	propriétaire.	id.	décédé.
10	Perin...........	orfèvre......	22 juin 1823	rayé en retard.
11	Barbe..........	tailleur......	id.	démissionnaire
12	Saint-Pierre.....	gantier......	28 mars 1824	décédé.
13	Margain.........	greffier.....	id.	rayé.
14	Gevolde.........	propriétaire.	id.	décédé.
15	Ruhotard........	cafetier.....	id.	id.
16	De Barral.......	président de la Cour	6 mars 1825	id.
17	Vasset Joseph...	orfèvre......	26 juin 1825	rayé.
18	Ducommun Jos...	id.	id.	id.
19	Gallet Claude....	id.	id.	rayé en retard.
20	Martin-Duc......	marchand...	31 juil. 1825	décédé.
21	Descombes Math.	propriétaire.	id.	rayé en retard.
22	Vendereff-Bruge.	colporteur...	id.	décédé.
23	Martin-Duc Jean.	ex-courrier..	1er nov. 1825	id.
24	Guillot Pierre....	propriétaire.	31 déc. 1826	rayé en retard.
25	Cochard........	id.	31 déc. 1827	décédé.
26	Guerrin Ernest...	serrurier....	1er fév. 1828	id.
27	Liranet.........	agt de police.	22 juin 1828	rayé en retard.
28	Brun..........	propriétaire.	id.	démissionnaire
29	Palier Claude....	id.	id.	rayé en retard.
30	Demaffé Joseph..	orfèvre......	29 juin 1829	décédé.
31	Ravet Paul......	rentier......	31 mars 1833	rayé en retard.
32	Gauthier Humb..	id.	id.	décédé.
33	Parat André.....	géomètre....	28 juil. 1833	rayé en retard.
34	Robert Pierre....	notaire......	27 juil. 1834	décédé.
35	Allier..........	imprimeur ..	30 nov. 1834	id.
36	Eymard........	....	25 janv. 1835	démissionnaire
37	Dumoulin.......	....	id.	id.
38	Barret Alexis....	secrétaire...	21 fév. 1835	décédé.
39	Margot Théodore.	banquier....	29 mars 1835	id.

N° D'ORDRE	NOMS et PRÉNOMS	PROFESSIONS	DATE de la RÉCEPTION	OBSERVATIONS
40	Gaillard Eugène.	banquier....	29 mars 1835	décédé.
41	Tournillon Victor.	caissier.....	26 avril 1835	démissionnaire
42	Troussier Hugues	id.	id.	rayé en retard.
43	Doyon Adolphe..	banquier....	28 juin 1835	
44	Paturel François.	. ...	id.	démissionnaire
45	Bonnard Félix...	négociant ...	id.	décédé.
46	Faisan	id. ...	id.	décédé.
47	Pacaud Baptiste.	orfèvre......	id.	id.
48	Colin François...	bijoutier	id.	id.
49	Cler Jean-Baptiste	orfèvre......	id.	démissionnaire
50	Ricard	négociant ...	id.	id.
51	Laborne Xavier..	rentier	id.	décédé.
52	Berlioz Scipion...	banquier....	id.	id.
53	Berriat Hugues...	propriétaire .	26 juil. 1835	démissionnaire
54	Mallein Alexandre	id. .	id.	décédé.
55	Bethoux Philibert	id.	id.	id.
56	Caillat.........	Emp. des cont'	id.	rayé en retard.
57	Mollard Joseph..	orfèvre......	id.	démissionnaire
58	Cochard Joseph..	maréchal....	28 janv. 1836	décédé.
59	Cocat César......	confiseur ...	26 juin 1836	id.
60	Pevet Toussaint..		id.	rayé.
61	De Noailles Pierre	propriétaire .	1er oct. 1836	décédé.
62	Accarias Calixte.	rentier	id.	id.
63	De Montal.......	id.	id.	rayé en retard.
64	Raucoud	id.	id.	démissionnaire
65	Moulzin	id.	id.	décédé.
66	Pellissier Rémy..	id.	id.	id.
67	Penet père.......	id.	id.	id.
68	Penet Louis fils..	id.	id.	id.
69	Petit............	id.	id.	démissionnaire
70	Picot...........	id.	id.	rayé en retard.
71	Royer Casimir...	1er président.	id.	décédé.
72	Teysrier.........	rentier	id.	id.
73	De Tourneuf Hen.	id.	id.	id.
74	De Ventavon Math	avocat	id.	id.
75	Vuy.............	id.	id.	id.
76	Bonnard.........	avoué	id.	démissionnaire
77	Charpin	....	id.	décédé.
78	Chapet	....	id.	id.
79	Roucoud	....	id.	démissionnaire
80	Berriat Saint-Prix	....	id.	id.
81	Bardousse	....	id.	décédé.
82	Cros............	....	id.	id.
83	Pont-Ollion......	négociant ...	22 sept. 1837	id.
84	Martin Luc......		1er avril 1838	
85	Chapel père......	avoué	20 mai 1838	rayé en retard.

N° D'ORDRE	NOMS et PRÉNOMS	PROFESSIONS	DATE de la RÉCEPTION	OBSERVATIONS
86	Berriat Saint-Prix	proc' du roi..	2 déc. 1838	démissionnaire
87	Pascal Auguste..	ferblantier ..	26 fév. 1839	décédé.
88	Méple Adrien....	rentier	id.	rayé en retard.
89	Doncieux.........	id.	id.	décédé.
90	Piollet Jean-Pierre	id.	5 avril 1839	id.
91	Leroy...........	docteur	23 juin 1839	démissionnaire
92	Charvet P.-A....	id.	id.	décédé.
93	Chavin Joseph...	horloger	25 oct. 1839	
94	Chevalier........	rentier	28 juin 1840	décédé.
95	Parot Louis......	fondeur	9 août 1840	id.
96	Poncet Pierre'	cafetier	23 mai 1841	id.
97	Colin Albin......	bijoutier,....	27 juin 1841	id.
98	Colin Auguste...	id.	id.	id.
99	Luc	avocat	id.	id.
100	Pilon...........	marc. de bois	id.	rayé.
101	Dubois de Romand	rentier	20 mars 1842	démissionnaire.
102	Lestrille J.-B.....	fondeur	id.	décédé.
103	Benoît Joseph...	rentier	8 mai 1842	récep. non-aven.
104	Gay Antoine.....	offic. retraité	id.	décédé.
105	Montjobert Jos...	sellier.....	25 juin 1843	démissionnaire
106	Gautier Eugène..	négociant ...	14 janv. 1844	décédé.
107	Berger Auguste..	pharmacien .	26 janv. 1845	id.
108	Moirand Auguste.	banquier	id.	id.
109	Déchenaud	négociant ...	26 avril 1846	démissionnaire
110	De Moulezin Aimé	avocat	25 oct. 1846	décédé.
111	Perrotin Justin...	pharmacien .	id.	démissionnaire.
112	Juvin Joseph.....	docteur......	id.	id.
113	Barraton Jean...	horloger	id.	décédé.
114	Charvet Benoît...	docteur	17 oct. 1847	démissionnaire
115	Etienne Jean-Bap.	rec' de l'hosp.	1er avril 1848	décédé.
116	Rolland Félix....	employé	id.	id.
117	Brun Etienne....	armurier....	id.	id.
118	Boscary Pierre...	retraité......	id.	id.
119	Duclot Hippolyte.	propriétaire .	id.	id.
120	Juillet François..	ex-avoué....	id.	démissionnaire
121	Gaillard Emile...	banquier....	id.	décédé.
122	Robert Ange.....	horloger....	id.	id.
123	Permezel Gustave	avocat	id.	démissionnaire
124	Richard François.	buraliste	id.	décédé.
125	Dentraigue.......	con' des for..	id.	rayé en retard.
126	De Renneville H..	propriétaire .	id.	décédé.
127	De Monnière. ...	rentier	id.	démissionnaire.
128	Allier Edouard...	imprimeur ..	id.	décédé.
129	Sulpice Aimé....	propriétaire .	id.	id.
130	D'Apvril Henry..	banquier	id.	id.
131	Bureau Louis....	propriétaire .	id.	id.

N° D'ORDRE	NOMS et PRÉNOMS	PROFESSIONS	DATE de la RÉCEPTION	OBSERVATIONS
132	Gaillard Pierre...	négociant....	1er avril 1848	décédé.
133	De Taxis Cyrus..	rentier......	id.	id.
134	De Taxis Cyrus..	chanoine....	id.	id.
135	Amye Et.-Prosper	....	25 juin 1848	démissionnaire
136	Rivoire Jules. ...	liquoriste ...	id.	décédé.
137	Delaye Augustin.	orfèvre......	id.	id.
138	D'Apvril........	négociant ...	id.	démissionnaire
139	Demenjon Paul..	ferblantier ..	id.	
140	Gilbert	coutelier	17 sept. 1848	démissionnaire
141	Cotteret	inspecteur...	15 oct. 1848	id.
142	Paradis Théophile	conservateur.	id.	id.
143	Piolet Léon-Thom	négociant ...	28 janv. 1849	
144	Nicolet Nathaël..	id. ...	id.	décédé.
145	Denante Emile...	avocat	1er avril 1849	id.
146	Bérard Joseph...	négociant....	id.	démissionnaire
147	Teyssier	propriétaire .	24 juin 1849	
148	Perroncel J.-B...	....	id.	décédé.
149	Fagot	propriétaire .	id.	id.
150	Rmery......	id.	id.	id.
151	Rmery Maurice..	négociant ...	30 sept. 1849	id.
152	Diday Pierre....	propriétaire..	4 nov. 1849	id.
153	Perier Alphonse.	ancien député	id.	id.
154	Quicandon Alfred	propriétaire .	3 fév. 1850	id.
155	Budillon Jos.-Ch.	....	id.	démissionnaire
156	Renaud Jean-Bap.	ferblantier ..	id.	rayé en retard.
157	Favier Jean-Bapt.	rentier	id.	id.
158	Saintour Augustin	id.	23 juin 1850	décédé.
159	Viossat Pierre...	chaudronnier	id.	id.
160	Pascal	propriétaire .	id.	id.
161	Piolet Adrien....	conr à la Cour	1er janv. 1851	
162	Penet fils........	négociant ...	id.	id.
163	Mollard Ernest...	propriétaire .	id.	id.
164	Alméras-Latour..	avocat génér.	1er janv. 1852	démissionnaire
165	Hély Félix.......	propriétaire .	id.	id.
166	Giroud Henry....	id. .	27 juin 1852	décédé.
167	Massot Paul	docteur	id.	id.
168	Lacaze Jean Pier.	conservateur	id.	id.
169	Touraton Abel...	voyageur....	29 août 1852	id.
170	Roux Jean-Bapt..	garde d'artil.	26 sept. 1852	id.
171	De Lestelet Pierre	vérificateur..	18 déc. 1852	démis. réint. en 1873
172	Breynat Edouard	avocat......	id.	id.
173	Peyraud Gustave.	rentier	id.	
174	Réal Félix	propriétaire .	25 juin 1853	décédé.
175	Mathieu Jos.-Dur	homme d'aff.	id.	id.
176	Rey Armand.....	docteur	1er oct. 1853	démissionnaire
177	Lestrille	....	31 mars 1854	décédé.

N° D'ORDRE	NOMS et PRÉNOMS	PROFESSIONS	DATE de la RÉCEPTION	OBSERVATIONS
178	Charrière E. père.	propriétaire .	1er juil. 1854	décédé.
179	Charrière fils	id.	id.	id.
180	Postiaux Germain	légionnaire..	1er oct. 1854	id.
181	Rahoul Victor....	négociant ...	id.	id.
182	Recoura	id. ...	29 juin 1856	
183	Bith Fleury......	inspecteur ..	28 juin 1857	rayé.
184	France Louis	curé de St-L.	1er juil. 1859	id.
185	Mohlenbruck.....	horloger ...	1er juil. 1861	id.
186	Poncet Eugène...	négociant ...	14 déc. 1862	décédé.
187	Meilleur J.-Pierre.	rentier	id.	id.
188	Béthoux	id.	1er mars 1863	
189	Cnalonge	id.	1er avril 1863	démissionnaire
190	Drevon	pharmacien .	id.	décédé.
191	Sappey fils.......	serrurier....	29 juin 1863	id.
192	D'Astarac Stanisl.	rentier	id.	démissionnaire
193	Blanchet Emile ..	id.	13 déc. 1863	
194	Moiran Alfred ...	négociant ...	13 nov. 1864	
195	Moiran Paul	id. ...	id.	
196	Mongenet Alfred .	rentier	29 janv. 1865	
197	Diday Charles ...	id.	id.	démissionnaire
198	Vendre J.-Thom..	maire.......	30 oct. 1865	décédé.
199	Rival	négociant ...	id.	id.
200	Maisonville Fritz.	journaliste ..	17 déc. 1865	
201	Casimir-Perier...	anc. ministre	4 fév. 1866	id.
202	David Gaspard...	capit. retraité	id.	id.
203	Poussielgue Aug.	dir de l'Alim.	id.	id.
204	Maisonville Napol.	imprimeur ..	id.	id.
205	Amabert........	négoc. en fers	id.	rayé en retard.
206	Ennemond Tignel	....	id.	décédé.
207	Pichon...........	....	24 juin 1866	
208	Rey	vétérinaire...	23 juin 1867	
209	Sappey Adolphe .	mécanicien..	id.	
210	Dumont	employé	id.	absent en règle
211	Rostaing........	pharmacien .	30 janv. 1870	id.
212	Poncet, veuve....	rentière	id.	
213	Guérin..........	carrossier....	26 juin 1870	
214	Thevenon.......	march. de fers	1er mai 1872	rayé.
215	Bastide.........	pharmacien .	janv. 1873	démissionnaire
216	Maurel	id. ..	id.	
217	Dumolard	médecin....	id.	id.
218	De Lestelet	conservateur.	id.	réintégré.
219	Roche	négociant ...	id.	démissionnaire
220	Charrut père.....	id.	id.	décédé.
221	Renaud Louis....	....	id.	absent en règle.
222	Mgr Paulinier.....	évêque	24 juin 1873	id.
223	Demenjon E. fils.	ferblantier ..	24 juil. 1873	

N° D'ORDRE	NOMS et PRÉNOMS	PROFESSIONS	DATE de la RÉCEPTION	OBSERVATIONS
224	Delaye Jules.....	bijoutier	1874	
225	Sappey fils.	mécanicien..	1877	
226	Casimir-Perier fils.	....	1er janv. 1877	
227	Buffet Charles ...	sellier.......	15 août 1873	démissionnaire
228	Thibaud Paul....	avocat	janvier 1874	id.
229	Pellissier fils.....	doct. médecin	id.	décédé.
230	Gaché	id.	id.	démissionnaire
231	Hauquelin.......	id.	avril 1874	
232	Brenier.........	constructeur.	25 juin 1874	
233	Berthelot	fabr. de cim.	id.	
234	Nouzon	horloger	janvier 1875	id.
235	Charpenay......	liquoriste ...	id.	id.
236	Chatrousse	pharmacien .	id.	rayé en retard.
237	Gayme	doct.-médecin	15 mars 1875	démissionnaire
238	Richard (c. Berria'	pharmacien .	mai 1875	
239	Bourdis.........	mécanicien ..	juin 1875	décédé.
240	Teisseire	con' à la Cour	juillet 1875	
241	Brun aîné.......	....	id.	
242	Guédel	doct.-médecin	4 nov. 1875	
243	Reynes	id.	id.	démissionnaire
244	Laplace.........	rentier	13 fév 1876	
245	Rival fils	march. defers	id.	
246	Simard.........	rentier	id.	
247	Lacaton	....	id.	absent en règle
248	Salomon........	....	id.	rayé en retard.
249	Pallier.........	....	id.	
250	Vigier Alexandre.	doct.-médecin	id.	démissionnaire
251	Flandrin	pharmacien .	14 mai 1876	id.
252	Marignat........	bijoutier....	id.	
253	Bellon..........	....	id.	décédé.
254	Guimet Eugène..	négociant ...	26 juin 1876	
255	Vincent.........	pharmacien .	1876	rayé en retard.
256	Faure Balthazar.	rentier	17 fév. 1878	id.
257	Pilot de Thorey..	doct.-médecin	id.	démissionnaire.
258	Verne	pharmacien .	id.	id.
259	Blanc...........	marc. de fer.	id.	décédé.
260	Jacquin.........	....	id.	
261	Fenoglio........	vitrier.......	id.	
262	Faure Edouard ..	md de charbon	13 mars 1878	rayé en retard.
263	De Pérignon	médecin.....	id.	démissionnaire
264	David	cafetier	24 juin 1878	décédé.
265	Dimary.........	pâtissier	id.	démissionnaire
266	Denantes, veuve .	rentière ....:	janvier 1879	décédé.
267	Guttin Pierre....	rentier	id.	rayé en retard.
268	Barral..........	greffier......	29 juin 1879	
269	Neyret..........	ingénieur....	id.	

N°° D'ORDRE	NOMS et PRÉNOMS	PROFESSIONS	DATE de la RÉCEPTION	OBSERVATIONS
270	Charles............	ingénieur....	29 juin 1879	
271	Satre.............	médecin.....	16 mai 1880	
272	Jourdan	pharmacien .	id.	
273	Novel............	conseiller ...	15 mai 1881	démissionnaire
274	Paturel	négociant ...	id.	
275	Masson..........	cafetier	id.	id.
276	Jardin...........	id.	id.	id.
277	Berthollet.......	médecin	10 sept. 1881	
278	Robert neveu....	négociant ...	10 déc. 1881	
279	Berlioz	médecin......	id.	id.
280	Drevon	rentier	25 fév. 1882	décédé.
281	Boudeille et Rossignol...	pharmaciens.	id.	
282	Gallois	médecin.....	20 mai 1882	id.
283	Meunier	pharmacien .	id.	
284	Robert...........	ingénieur....	24 juin 1882	id.
285	Demenjon Henri..	ferblantier ..	id.	
286	Piraud Édouard..	rentier......	9 sept. 1882	
287	Breynat	imprimeur ..	21 juin 1883	
288	Raffin	horloger	id.	rayé en retard.
289	Budillon.........	pharmacien..	13 déc. 1884	
290	Cathaud,........	étameur.....	id.	démissionnaire.
291	Foulage	limonadier..	14 mai 1885	rayé.
292	Valéron fils......	entrepreneur.	id.	démissionnaire
293	Gerin Auguste...	rentier......	5 déc. 1885	décédé.
294	Gauthier Alexis..	....	id.	
295	Ducroiset Joseph.	carrossier ...	27 mars 1886	
296	Robert Eugène...	....	id.	
297	Robert Alexandre	....	id.	
298	Jallifier..........	....	27 juin 1886	
299	Camous	pharmacien .	4 déc. 1886	démissionnaire
300	Biessy...........	médecin.....	id.	id.
301	Raffin	id.	id.	rayé.
302	Lecompte........	id.	17 sept. 1887	
303	Giraud	id.	id.	rayé en retard.
304	Deschamps......	id.	9 juin 1888	
305	Déchenaux.......	carrossier ...	21 juin 1888	
306	Viassat fils......	....	id	
307	Baboin	pharmacien .	mars 1886	
308	Colonel..........	id. .	janvier 1889	
309	Allier fils........	imprimeur...	29 juin 1890	
310	Viallet...........	constructeur.	id.	
311	Giraud Louis....	pharmacien .	21 juin 1890	
312	Jallifier Louis....	quincaillier .	id.	
313	Roux	pharmacien .	14 mars 1891	
314	Vallier..........	imprimeur ..	id.	

MEMBRES TITULAIRES

N° D'ORDRE	NOMS et PRÉNOMS	PROFESSIONS	DATE de la RÉCEPTION	OBSERVATIONS
1	Caille Philippe...	chaudronnier	21 avril 1822	décédé.
2	Dutruc André....	id.	id.	rayé en retard.
3	Pellard Jean.....	horloger.....	id.	décédé.
4	Lachat François..	sellier......	id.	rayé en retard.
5	Four Louis......	cloutier	id.	décédé.
6	Bourgeat Jean...	serrurier	id.	id.
7	Marquet Claude..	scieur de long	id.	id.
8	Fagot François..	ferblantier...	26 mai 1822	rayé en retard.
9	Rivière François.	serrurier	id.	id.
10	Richard Pierre...	armurier....	16 juin 1822	décédé.
11	Pascal Léon.....	ferblantier...	id.	rayé en retard.
12	Chevalier Jean...	charron	id.	décédé.
13	Godefroy J.-B...	traiteur	id.	id.
14	Gervais.........	....	5 juil. 1822	rayé en retard.
15	Gobin Damas....	armurier....	id.	décédé.
16	Guillerme Jean..	id.	id.	id.
17	Douville Victor..	vitrier.......	15 déc. 1822	id.
18	Chabert Claude..	maréchal....	27 avril 1823	id.
19	Leclerc Jean-Bap.	épicier	22 juin 1823	id.
20	Luval Jacques....	charron	26 nov. 1823	id.
21	Guldenchou......	horloger.....	28 mars 1824	rayé en retard.
22	Chavin	id.	id.	décédé.
23	Tillier père.....	m⁴ de parapl.	30 mai 1824	id.
24	Rajon Pierre.....	jardinier	id.	id.
25	Drevet André....	ferblantier...	4 juil. 1824	id.
26	Ding	serrurier	id.	rayé en retard.
27	Piraud..........	march. de fer	id.	décédé.
28	Goubet Joseph...	bijoutier.....	30 janv. 1825	id.
29	Fagot	horloger.....	26 juin 1825	rayé en retard.
30	Laval Didier.....	charron	31 juil. 1825	décédé.
31	Maillard	armurier	id.	id.
32	Guionnet........	forgeur	id.	rayé en retard.
33	Denot Jean......	charron	25 sept. 1825	id.
34	Couard François.	fondeur	2 octob. 1825	id.
35	Gaudin Joseph...	serrurier	1ᵉʳ nov. 1825	id.
36	Comte Michel....	id.	29 janv. 1826	décédé.
37	Lelierre	id.	26 juin 1826	id.
38	Avèque..........	id.	id.	id.
39	Fabrègues Jacq..	ferblantier...	id.	id.
40	Vernet..........	serrurier	id.	id.
41	Ferratge........	armurier	23 oct. 1826	rayé.
42	Barthelon Victor.	charron	31 déc. 1826	id.

N° D'ORDRE	NOMS et PRÉNOMS	PROFESSIONS	DATE de la RÉCEPTION	OBSERVATIONS
43	Ducros Jean.....	ferblantier...	1er mars 1827	décédé.
44	Magne	id.	27 août 1827	rayé.
45	Robert Alexandre	maréchal....	30 sept. 1827	décédé.
46	Guimpel Antoine.	forgeur	25 nov. 1827	rayé en retard.
47	Vernet Henri.....	serrurier	30 déc. 1827	id.
48	Gérard Louis....	pareur	id.	décédé.
49	Baret Antoine...	serrurier	id.	rayé.
50	Geoir Charles....	chaudronnier	id.	id.
51	Parot Pierre	ferblantier...	24 fév. 1828	décédé.
52	Allouard Raphaël	charron	27 mars 1828	id.
53	Brillet François..	maréchal....	27 avril 1828	id.
54	Benit Hippolyte .	serrurier	id.	id.
55	Lalecher Joseph.	maréchal ...	id.	id.
56	Civet Pierre......	forgeur	id.	id.
57	Lemale fils.......	bourrelier...	22 juin 1828	id.
58	Reynaud J.-B....	ferblantier...	id.	rayé en retard.
59	Guichard Claude.	mécanicien..	id.	id.
60	Lachat Louis.....	sellier.......	2 sept. 1828	id.
61	Olivier Pierre....	ferblantier...	29 juin 1829	décédé.
62	Denot Jean......	charron	id.	rayé en retard.
63	Civique..........	serrurier	id.	id.
64	Casquin	id. ...	id.	id.
65	Monnet Pierre....	forgeur......	id.	décédé.
66	Grisard Pierre...	cloutier	4 oct. 1829	id.
67	Girard Antoine..	charron	id.	rayé.
68	Micoud André...	forgeur	29 mai 1830	décédé.
69	Chatain Pierre...	serrurier	27 juin 1830	démissionnaire
70	Meunier Jean....	charron	id.	rayé en retard.
71	Godel Jean......	serrurier	29 mai 1831	id.
72	Flucher Jean....	forgeur......	id.	id.
73	Tournel Jacques.	peintre en voit.	1er nov. 1831	décédé.
74	Mazelle Louis....	coutelier	id.	démissionnaire
75	Duclot François..	serrurier	8 janv. 1832	décédé.
76	Ogier Antoine....	id.	id.	démissionnaire
77	Didier Louis.....	bourrelier...	id.	id.
78	Roux Joseph.....	serrurier	5 fév. 1832	rayé en retard.
79	Magnin François.	forgeur......	24 juin 1832	décédé.
80	Delzieux Jean....	ferblantier...	29 juil. 1832	id.
81	Sappey Pierre...	serrurier	id.	id.
82	Mary Pierre......	chaudronnier	28 oct. 1832	id.
83	Humbert Nicolas.	forgeur......	30 déc. 1832	id.
84	Bonnard.........	ferblantier...	id.	id.
85	Pesprin Napoléon	armurier	31 mars 1833	id.
86	Bonneville Pierre.	serrurier	26 mai 1833	id.
87	Baudet Claude...	id.	id.	id.
88	Beaumont Louis..	charron	id.	id.

N°° D'ORDRE	NOMS et PRÉNOMS	PROFESSIONS	DATE de la RÉCEPTION	OBSERVATIONS
89	Vigier Pierre.....	charron.....	23 juin 1833	décédé.
90	Simon..........	....	id.	rayé en retard.
91	Rosier..........	chaudronnier	id,	décédé.
92	Boyer..........	....	id.	démissionnaire
93	Koop Christophe.	forgeur......	29 déc. 1833	décédé.
94	Philibert Alexis..	charron.....	id.	id.
95	Olagnier Gabriel.	forgeur......	26 janv. 1834	id.
96	Béthoux Auguste.	charron.....	id.	id.
97	Gay Gaspard....	serrurier....	25 mai 1934	rayé en retard.
98	Baron Joseph....	id.	id.	id.
99	Gaudin Jean.....	id.	id.	id.
100	Nicaise Louis....	id.	22 juin 1834	id.
101	Servaux Louis...	forgeur......	id.	décédé.
102	Cattier Antoine.,	charron.....	id.	id.
103	Rossin Napoléon.	id.	id.	rayé.
104	Alleron François.	serrurier....	id.	id.
105	Gulmet Jean-Bap.	forgeur......	id.	décédé.
106	Rey Claude......	fondeur.....	31 août 1834	id.
107	Kibouk Frédéric.	carrossier...	id.	id.
108	Chastin..........	sellier......	id.	rayé p. délibér.
109	Belin Jean-Bapt..	charron.....	27 sept. 1835	démissionnaire.
110	Bontaut Jean....	id.	25 janv. 1835	rayé en retard.
111	Durand François.	sellier......	id.	id.
112	Garbal François.	forgeur......	21 fév. 1835	décédé.
113	Delpierre Auguste	....	id.	rayé en retard.
114	Burnoux Jean-Fél.	serrurier....	id.	décédé.
115	Détroyat Auguste	....	26 juil. 1835	id.
116	Arthaud Louis...	cloutier.....	id.	rayé en retard.
117	Falillon Hugues.	charron.....	3 sept. 1835	id.
118	Barbier..........	serrurier....	25 oct. 1835	décédé.
119	Opert Jules.....	mécanicien..	id.	démissionnaire
120	Chollet Louis....	charron.....	28 janv. 1836	décédé.
121	Bron Pierre-Franç.	id.	27 mars 1836	id.
122	Galle Gaspard...	id.	26 juin 1836	rayé,
123	Olivier Jean-Bap.	ferblantier...	id.	démissionnaire
124	Bourgeat Georges	fondeur.....	id.	décédé
125	Robert Georges..	forgeur......	28 août 1836	démissionnaire
126	Montaland Ant...	sellier......	1er oct. 1836	id.
127	Moulot Joseph...	ferblantier...	25 juin 1837	décédé.
128	Fagot Louis.....	id. ...	11 août 1837	id.
129	Charbonnel J.-B.	serrurier....	24 sept. 1837	id.
130	Chavand Joseph.	id.	1er avril 1838	démissionnaire
131	Laurent Pierre...	id.	id.	id.
132	Gaucher Joseph.	id.	20 mai 1838	id.
133	Parisot Emillaud.	forgeur......	id.	décédé.
134	Garnier Jean.....	charron.....	id.	id.

N° D'ORDRE	NOMS et PRÉNOMS	PROFESSIONS	DATE de la RÉCEPTION	OBSERVATIONS
135	Montaland J.-J...	charron.....	24 juin 1838	décédé.
136	Copel Théodore..	forgeur......	id.	id.
137	Laforgue César..	id.	2 déc. 1838	id.
138	Martin......	bijoutier.....	id.	rayé en retard.
139	Gonthier père....	id.	id.	décédé.
140	Ding Robert......	serrurier....	24 fév. 1839	id.
141	Laverrière Franç.	id. ..	id.	id.
142	Monnet Hippolyte	sellier.......	5 avril 1839	rayé.
143	Clerc Laurent....	ferblantier ..	26 avril 1839	décédé.
144	Vial Louis.......	....	23 juin 1839	id.
145	Ruelle Auguste..	fondeur	id.	id.
146	Moinier François.	sellier	25 oct. 1839	démissionnaire
147	Morel Hugues....	charron	id.	rayé.
148	Trouillon Auguste	ferblantier...	10 mai 1840	décédé.
149	Tivollier Gaspard.	carrossier ...	28 juin 1840	rayé en retard.
150	Piérot C.........	forgeur	id.	décédé.
151	Cateau Jean.....	chaudronnier	id.	id.
152	Achard Louis....	serrurier....	id.	id.
153	Bonneton Marc...	bijoutier	9 août 1840	id.
154	Cler Jean-Bapt...	ferblantier...	20 sept. 1840	id.
155	Giroud Jérôme...	charron.....	23 janv. 1841	
156	Tiller Hippolyte	mécanicien..	23 mai 1841	rayé en retard.
157	Bouvard François	charron.....	27 juin 1841	décédé.
158	Gautier Pierre....	id.	id.	id.
159	Favre Joseph	serrurier....	10 oct. 1841	démissionnaire
160	Dubost Pierre....	ferblantier...	21 nov. 1841	décédé.
161	Vieuge.........	serrurier....	23 janv. 1842	rayé.
162	Mondet Auguste..	bourrelier ...	20 mars 1842	décédé.
163	Rozier Benjamin.	fondeur	id.	démissionnaire
164	Place François...	menuisier...	26 juin 1842	rayé.
165	Chamoulot A.....	....	23 oct. 1842	id.
166	Trivet Etienne...	peintre en voit.	id.	id.
167	Pauvert Pierre...	serrurier....	25 juin 1843	rayé en retard.
168	Martinet Séraphin	id.	14 janv. 1844	décédé.
169	Murat Louis.....	id..	id.	id.
170	Dick Jean-Bapt...	forgeur......	13 avril 1844	id.
171	Chaudet Joseph..	bourrelier ...	id.	id.
172	Thorand Régis...	serrurier....	23 juin 1844	id.
173	Meyer Jean-Aug.	coutelier	26 janv. 1845	id.
174	Meyer Jean-Pierre	id.	id.	id.
175	Tariat Joseph-V.	maréchal....	20 avril 1845	id.
176	Martin Charles...	bourrelier...	id.	id.
177	Millet Henry.....	sellier.......	id.	id.
178	Février Joseph...	serrurier....	id.	démissionnaire
179	Granier Antoine..	maréchal....	29 juin 1845	décédé.
180	Dumay François	id. ...	id.	id.

N° D'ORDRE	NOMS et PRÉNOMS	PROFESSIONS	DATE de la RÉCEPTION	OBSERVATIONS
181	Lemâle André ...	bourrelier ...	10 août 1845	décédé.
182	Abonin Ferdinand	sellier	26 oct. 1845	id.
183	Avenier Jules....	charron	id.	démissionnaire
184	Martin Henry-Duc	bijoutier	26 avril 1846	décédé.
185	Vizioz Barthélemy	charron	id.	id.
186	Armand Maximin	serrurier	id.	rayé en retard.
187	Giraud Jean-Paul	ferblantier...	id.	décédé.
188	Poncet Louis-P...	....	id.	id.
189	Vigier Jean-B....	charron	id.	id.
190	Deschaux Victor.	serrurier	25 oct. 1846	
191	Chalvet Jean-B..	sellier.......	28 fév. 1847	rayé en retard.
192	Debonniot Ant...	bourrelier ...	id.	décédé.
193	Rolle Paul.......	serrurier	27 juin 1847	id.
194	Ducroiset Jean...	sellier.......	id.	
195	Lesbros Ferdin...	forgeur	id.	id.
196	Bonthoux Régis..	ferblantier...	26 sept. 1847	id.
197	Chenevey Joseph.	forgeron.....	17 oct. 1847	rayé
198	Battier Joseph...	sellier.......	25 juin 1848	décédé.
199	Martin Alexandre	horloger.....	id.	démissionnaire
200	Giroud Pierre....	serrurier	id.	décédé.
201	Bérard André-P..	fondeur	15 oct. 1848	démissionnaire
202	Pourade C.......	ferblantier...	28 janv. 1849	rayé
203	Avenier Alexand.	charron	id.	id.
204	Fabrègues J.-A..	ferblantier...	id.	
205	Blanc Pierre.....	id ...	28 avril 1849	décédé.
206	Barthélemy Jean.	bourrelier...	id.	id.
207	Berthier Franç.-E.	charron	id.	
208	Ravaud Joseph...	id.	24 juin 1849	id.
209	Ravaud Henri....	id.	id.	id.
210	Baret Franç.-V..	serrurier	id.	rayé en retard.
211	Ravaud Charles..	charron	id.	
212	Baret Basile.....	id.	id.	décédé.
213	Michon Calixte...	peintre en voit.	id.	id.
214	Jay Joseph......	serrurier	3 fév. 1850	id.
215	Daspre Eugène...	bourrelier ...	id.	rayé en retard.
216	Morin Laurent...	charron	id.	
217	Savioz Alexandre	id.	23 juin 1850	décé...rd.
218	Meunier Joseph..	id.	id.	rayé en retard.
219	Boudrand Ant....	forgeron.....	id.	décédé.
220	Morel Jules-César	serrurier	id.	id.
221	Beau Auguste...	bourrelier ...	id.	rayé en retard.
222	Laurent Jean.....	forgeron.....	id.	décédé.
223	Guillard Noël....	serrurier	id.	id.
224	Chabre Joseph...	horloger.....	id.	démissionnaire
225	Denier Auguste..	ferblantier...	id.	décédé.
226	Ducros Charles..	bourrelier ...	10 août 1850	rayé en retard.

N° D'ORDRE	NOMS et PRÉNOMS	PROFESSIONS	DATE de la RÉCEPTION	OBSERVATIONS
227	Dessuet François.	bourrelier ...	22 sept. 1850	rayé en retard.
228	Raflin Adolphe..	ferblantier...	1er déc. 1850	décédé.
229	Gay Louis (Gras).	bourrelier...	29 juin 1851	id.
230	Chabert Jn-Aimé.	charron	id.	id.
231	Perret François...	carrossier ...	id.	rayé en retard.
232	Lattier Joseph...	ferblantier...	id.	décédé.
233	Boilat Pierre.....	serrurier	29 juin 1851	
234	Baret Auguste...	id.	id.	
235	Péronnet Sébast..	id.	id.	décédé.
236	Garot Louis......	ferblantier...	id.	id.
237	Moulot Alexis....	id.	id.	id.
238	Meyer Jean-Bapt.	coutelier	10 août 1851	id.
239	Delcros Jean.....	ferblantier...	id.	id.
240	Bertrand Jean....	charron	2 nov. 1851	id.
241	Tissier François..	id.	27 juin 1852	
242	Train Louis......	armurier	id.	id.
243	Septépée Pierre..	bourrelier...	29 août 1852	
244	Chatel Charles...	tôlier........	28 nov. 1852	rayé en retard.
245	Ruflier Martin....	id.	1er mai 1853	
246	Pourrade C......	ferblantier...	id.	décédé.
247	Riondel Fortuné.	serrurier	id.	rayé.
248	Garnier Antoine..	bijoutier	id.	rayé en retard.
249	Colombet Jean-B.	serrurier	id.	id.
250	Viard Joseph. ..	bijoutier	id.	id.
251	Bouvier Hugues..	charron	25 juin 1853	
252	Bard Auguste....	maréchal....	7 mai 1854	décédé.
253	Lestrille François	fondeur	id.	démissionnaire
254	Coulon Jean.....	serrurier	25 juin 1854	rayé en retard.
255	Giroud Jean.....	charron	17 déc. 1854	décédé.
256	Chemin François.	chaudronnier	id.	id.
257	Beaumont Louis.	sellier........	28 janv. 1855	rayé
258	Echinard Franç..	serrurier	24 juin 1855	décédé.
259	Sibert Jules......	ferblantier...	id.	id.
260	Faure Jules......	....	id.	id.
261	Dien Louis-Phil..	chaudronnier	16 déc. 1855	démissionnaire
262	Caillat Claude....	bijoutier	2 mars 1856	rayé en retard.
263	Manthe Joseph...	peintre en voit.	29 juin 1856	id.
264	Garbal Frédéric..	ferblantier...	id.	décédé.
265	Orillard Joseph..	serrurier	31 août 1856	id.
266	Houard Pierre...	chaudronnier	3 mai 1857	démissionnaire
267	Morel Jean-Ch...	serrurier	id.	
268	Rajaud François.	ferblantier...	id.	décédé.
269	Repellin Jean. ..	charron	28 juin 1857	
270	Cœur Joseph.....	forgeron......	id.	
271	Millet Jules......	bijoutier	id.	rayé en retard.
272	Nogues Constant.	serrurier	27 juin 1858	décédé.

N° D'ORDRE	NOMS et PRÉNOMS	PROFESSIONS	DATE de la RÉCEPTION	OBSERVATIONS
273	Faure Alexandre.	charron	1859	rayé en retard.
274	Barbier Etienne..	serrurier	27 juin 1859	
275	Granier Auguste..	maréchal	12 mai 1860	
276	Joya Charles.	chaudronnier	24 juin 1860	décédé.
277	Joya Jean-Charles	id.	id.	
278	Sauzières J.-B ..	bourrelier . . .	4 nov. 1860	
279	Fiat Jean-Jacques	serrurier	id.	rayé en retard.
280	Trivet Etienne . . .	peintre en voit.	id.	id.
281	Charles François.	serrurier	23 juin 1861	
282	Courbis Pierre . . .	carrossier . . .	id.	décédé.
283	Vallet	balancier	id.	rayé.
284	Gontard Xavier..	serrurier	id.	décédé.
285	Arnoux Joseph. . .	peintre en voit.	id.	id.
286	Gontier Jean-Pier.	charron	17 nov. 1861	id.
287	Civet Jacques-L..	id.	id.	rayé en retard.
288	Lauris Hippolyte	serrurier	16 fév. 1862	décédé.
289	Charron Eugène..	id.	id.	
290	Michaud Auguste	. . . .	29 juin 1862	
291	Gonthier Alph....	bijoutier	id.	démissionnaire
292	Châtel Charles...	poêlier	30 nov. 1862	décédé.
293	Bruyère	. . . .	1er fév. 1863	id.
294	Garcin Auguste...	tôlier.	29 juin 1863	démissionnaire.
295	Frochot Jean.	poêlier	id.	décédé.
296	Puissant Ambroi"	mécanicien..	id.	rayé en retard.
297	Gautier Casimir..	forgeron.	id.	
298	Morel Jos.-André.	charron	id.	
299	Bernard Marius..	serrurier	id.	
300	Chaix Emile.	id.	id.	
301	Jacquemet Xavier	charron	id.	
302	Lauroz Alphonse.	serrurier	id.	rayé en retard.
303	Lestrille François	fondeur	25 oct. 1863	décédé.
304	Betoux Gustave ..	id.	id.	id.
305	Magnin Alphonse	id.	id.	rayé en retard.
306	Gutin Alexandre..	mécanicien..	id.	
307	Villeton Etienne..	serrurier	id.	
308	Gillet François...	forgeron.	23 fév. 1864	rayé en retard.
309	Jacob François...	bijoutier.	id.	
310	Giraud Jean-Ant.	charron	26 juin 1864	
311	Fays Joseph	id.	id.	
312	Ailloud Antoine..	id.	id.	id.
313	Parisot Edouard .	ajusteur.	id.	démissionnaire
314	Rosier Louis	chaudronnier	id.	décédé.
315	Bayard Ernest...	mécanicien..	id.	
316	Gillin Constant ...	serrurier	13 nov. 1864	. . . .
317	Bonnet Auguste...	bijoutier	id.	décédé.
318	Lancelot Georges.	mécanicien..	29 janv. 1865	absent en règle.

N°s D'ORDRE	NOMS et PRÉNOMS	PROFESSIONS	DATE de la RÉCEPTION	OBSERVATIONS
319	Ferrand Pierre...	sellier.......	21 mai 1865	
320	Nérat Jean-Bap..	balancier	id.	
321	Berthaud Florent°	honoraire ..	id.	démissionnaire
322	Veyron Henri. ..	sellier.......	id.	
323	Morel Jules-Aug.	serrurier	id.	
324	Jail...........	id.	21 juin 1865	rayé.
325	Vigier Pier.-Hélie	id.	id.	
326	Charron	charron	29 avril 1866	décédé.
327	Girard-Blanc P»..	serrurier	id.	
328	Gondoin Antoine	charron.....	id.	
329	Courbis..........	menuisier. .	id.	
330	Bondrand Etienne	charron.....	24 juin 1866	
331	Bourrion	id.	id.	rayé en retard.
332	Veyron Eugène.	maréchal....	id.	
333	Mure-Ravaud Jos.	charron.....	id.	
334	Jacquier François	id.	id.	
335	Laurent Joseph..	id.	id.	
336	Morin Félix... ..	....	id.	
337	Vigier Hippolyte.	....	16 sept. 1866	
338	Bertrand Isidore.	charron	id.	
339	Kubuck Louis....	peintre en voit.	16 déc. 1856	id.
340	Kubuck Gustave.	menuisier ...	id.	
341	Ferrat-Martin....	fondeur	id.	rayé en retard.
3.2	Morel Auguste...	....	7 avril 1867	décédé.
343	Belot François...	fondeur	id.	
344	Boureau Paul....	sellier.......	23 juin 1867	
345	Salomon Georges	peintre en voit.	id.	rayé en retard.
346	Courbis André...	menuisier...	id.	
347	Lesbros Alexand.	limeur	id.	décédé.
348	Veyron Emile....	menuisier...	id.	rayé en retard.
349	Fouillon Honoré.	peintre......	id.	id.
350	Rousset Pierre...	maréchal....	id.	décédé.
351	Mondet Marius...	bourrelier...	id.	
352	Chaix Eloi.......	serrurier	id.	
353	Meyer Adolphe..	coutelier	id.	rayé en retard.
354	Giroud Auguste..	charron.....	id.	
355	Jayme Pierre....	id.	1er mars 1868	rayé.
356	Schewerbel Ernest	ferblantier...	id.	
357	Vuy François....	fondeur	id.	
358	Baleydier Henri.	mécanicien..	22 juin 1868	
359	Chabert Toussaint	id.	id.	rayé en retard.
360	Buyat Pierre.....	bourrelier...	id.	rayé.
361	Brun-Baronnat...	mécanicien..	id.	absent.
362	Favre André.....	....	id.	
363	Tissot Charles...	serrurier	id.	décédé.
364	Chazot Albin....	ferblantier,..	id.	

N° D'ORDRE	NOMS et PRÉNOMS	PROFESSIONS	DATE de la RÉCEPTION	OBSERVATIONS
365	Jalinie Pierre....	serrurier	22 juin 1868	rayé en retard.
366	Pistoléto Laurent.	id.	id.	
367	Pontonnier Joseph	charron	id.	id.
368	Court Jean-Ant..	fondeur	3 janv. 1869	décédé.
369	Truchet Jean-Jules	maréchal ...	id.	
370	Blusset Jules.....	charron	9 mai 1869	rayé.
371	Dupuy Edouard..	id.	id.	
372	Allouard Frédéric	cloutier	id.	id.
373	Bouchand Jean-B.	serrurier	id.	décédé
374	Renier Louis-Jean	id.	id.	rayé en retard.
375	Rosset François..	id.	id.	id.
376	Landot Thomas..	id.	id.	rayé.
377	Bois Carus-Aug..	id.	id.	
378	Marcellin Jn-Cal..	ferblantier...	id.	rayé en retard.
379	Amety Jean.....	id. ...	id.	
380	Bellet J.-Marius..	serrurier	27 juin 1869	id.
381	Rognin Joseph...	bijoutier.....	id.	id.
382	Rubichon Xavier.	serrurier	24 oct. 1869	démissionnaire.
383	Allouard P.-A...	id.	30 janv. 1870	
384	Sadoux François.	id.	12 juin 1870	
385	Ollier Alexandre.	id.	id.	
386	Dubost Théodore.	ferblantier ..	id.	décédé.
387	Thermos J.-B....	charron	id.	....
388	Désiré Laurent...	id.	26 juin 1870	rayé en retard.
389	Richard Aimé....	id.	id.	
390	Perrin Félix.....	armurier	id.	id.
391	Martin Charles...	bourrelier ...	id.	
392	Jacquin.........	carrossier ...	id.	
393	Guiffray.........	ferblantier...	id.	
394	Dimet	fondeur	décemb. 1871	
395	Puissant........	men. en voit.	février 1872	
396	Viallate.........	ferblantier ..	19 mai 1872	id.
397	Valentin Alph....	serrurier	id.	rayé.
398	Guttin Benoît....	bijoutier.....	23 juin 1872	
399	Paquet	serr.-chaudr.	id.	
400	Combet Marius...	menuisier ...	id.	décédé.
401	Chabert Marius..	charron	id.	id.
402	Guilland Antoine.	fondeur	8 oct. 1872	rayé en retard.
403	Achard-Guillaumet	carrossier ...	2 mars 1873	
404	Martenne J.-A...	fondeur	id.	
405	Court Joseph-Ant.	id.	id.	
406	Guenin Louis...	ferblantier...	15 mai 1873	
407	Garnier Camille..	id. ...	id.	
408	Rey-Giraud Jules.	serrurier	id.	
409	Tissot Frédéric...	id.	id.	rayé en retard.
410	Schister Guil....	id.	id.	id.

N°° D'ORDRE	NOMS et PRÉNOMS	PROFESSIONS	DATE de la RÉCEPTION	OBSERVATIONS
411	Parot Gabriel....	ferblantier...	17 août 1873	rayé A. 20
412	Bois Alexis......	forgeron.....	id.	rayé.
413	Vial Joseph......	serrurier	17 nov. 1873	
414	Sappey Pierre....	mécanicien..	15 fév. 1874	
415	Lagier Jean......	id. ..	id.	
416	Pin Pierre........	id. ..	id.	
417	Martin Paul......	ferblantier ..	17 mai 1874	décédé.
418	Frelon Pierre....	men. en voit.	id.	rayé en retard.
419	Gratier Paul.....	charron.....	id.	id.
420	Morel Aléxandre.	serrurier	id.	
421	Millet Amédée ..	carrossier ...	id.	
422	Millet Claude ...	ancien carrossier..	id.	
423	Fouillon	peintre en voit.	id.	décédé.
424	Viallet..........	....	29 juin 1874	rayé.
425	Boulat Alexandre.	....	id.	
426	Ruelle.	ferblantier...	id.	rayé.
427	Duret Paul......	mécanicien ..	23 août 1874	
428	Sappey Célestin..	id. ..	id.	
429	Deschaux Léon...	id. ..	id.	
430	Joly Joseph.....	id. ..	id.	
431	Boyard Joseph...	id. ..	id.	décédé.
432	Genzana Joseph..	id. ..	id.	
433	Bot Polydore	id. ..	id.	rayé.
434	Peyrard Eugène..	serrurier	15 nov. 1874	
435	Barthélemy......	méc.-serrur .	14 janv. 1875	rayé en retard.
436	Baret Henri......	charron.....	id.	absent en règle.
437	Bérard Toussaint.	fondeur	id.	
438	Colonel François.	forgeron.....	id.	rayé en retard.
439	Rossin Arthiat...	mécanicien..	9 juin 1875	
440	Tissot Henri.....	id. ..	id.	
441	Ract Fortuné.....	id. ..	id.	
442	Ruffier Charles...	fumiste	id.	
443	Deschaux Antoine	serrurier	id.	
444	Chaboud Aimé...	charron.....	id.	rayé
445	Sugranes Jean....	mécanicien..	id.	
446	Robert Lucien....	bijoutier	id.	décédé.
447	Reich Théodore..	serrurier	4 nov. 1875	rayé pr fraude
448	Joubert Louis-Jos.	id.	id.	rayé en retard.
449	Bugey Pierre.....	mécanicien..	id.	id.
450	Ducret Michel....	tourneur.....	id.	
451	Escoffier Jules-A.	mécanicien..	id.	
452	David Eug.-Fort..	id. ..	id.	rayé en retard.
453	Hêlle Alexandre..	....	13 fév. 1876	
454	Monin François..	chaudronnier	id.	
455	Marion Paul.....	maréchal....	id.	
456	Dondey Louis.....	mécanicien..	id.	rayé.

N°. D'ORDRE	NOMS et PRÉNOMS	PROFESSIONS	DATE de la RÉCEPTION	OBSERVATIONS
457	Mouvot Joseph...	sellier.......	13 fév. 1876	décédé.
458	Murianne Pierre.	....	14 mai 1876	
459	Laurent Désiré...	charron.....	id.	réintégré.
460	Favre Jos.-Henri.	serrurier....	id.	
461	Lesbros.........	forgeron....	id.	absent en règle
462	Martin Joseph...	fondeur... .	id.	
463	Grand Henri.....	serrurier....	id.	
464	Ambiehl Joseph..	armurier....	26 juin 1876	rayé en retard.
465	Boudrand Antoine	....	id.	id.
466	Guimet Jules.....	....	id.	
467	Riban Pierre-Eug.	....	id.	
468	Pichard Louis....	peintre.....	id.	
469	Dumollard Victor	chaudronnier	id.	décédé.
470	Rodet Franç.-Hip.	....	12 nov. 1876	
471	Bouchayer Henri.	chaudronnier	12 août 1877	
472	Besson Laurent-J.	forgeron.....	id.	
473	Patras Charles...	charron.....	15 mai 1877	rayé en retard.
474	Morestin.........	....	id.	décédé.
475	Cuzin	....	id.	rayé en retard.
476	Valentin.........	....	id.	décédé.
477	Thénard Antoine.	ferblantier...	17 fév. 1878	
478	Benedetto........	mécanicien..	19 mai 1878	
479	Jay Sébastien....	serrurier....	19 oct. 1878	
480	Marquet Joseph..	mécanicien..	id.	
481	Fanjeat Jules....	forgeron.....	id.	
482	Strock Joseph....	mécanicien..	24 juin 1878	rayé en retard.
483	Rochas L.-Romain	....	id.	id.
484	Richard François.	....	id.	
485	Chapon Auguste.	serrurier....	id.	
486	Ruelle..........	ferblantier...	17 nov. 1878	réintégré.
487	Bernard Antoine.	mécanicien..	id.	
488	Gouy...........	id.	id.	
489	Bayma..........	limeur....	id.	
490	Brizard.........	ferblantier...	id.	rayé en retard.
491	Bayard Alexandre	mécanicien..	17 fév. 1879	
492	Bayard Marius...	id.	id.	
493	Gaillard Cyprien.	ajusteur.....	29 juin 1879	rayé.
494	Repellin Eug.-J.	id.	id.	
495	Bruyère Joseph...	tôlier.......	17 août 1879	inconnu.
496	Dussert Baron...	maréchal....	id.	
497	Peyronnard Jean.	charron.....	id.	
498	Viallet Joseph....	sellier.......	id.	rayé en retard.
499	Taillhade Adolphe	id.	16 nov. 1879	
500	Claudet Hippolyte	ferblantier...	15 fév. 1880	
501	Rival And.-Marius	mécanicien..	id.	id.
502	Lamorte Evariste.	charron.....	id.	

N°s D'ORDRE	NOMS et PRÉNOMS	PROFESSIONS	DATE de la RÉCEPTION	OBSERVATIONS
503	Romanet Louis...	sellier.......	27 juin 1880	
504	Moiret Pétrus....	balancier....	id.	rayé.
505	Bertrand Xavier..	charron.....	id.	
506	Ehlinger M.-E.-A.	mécanicien..	14 nov. 1880	
507	Guillot Alfred-A.	id ..	id.	rayé en retard.
508	Bouchet-Berl-Manot....	carrossier...	id.	id.
509	Rochas-Barnaros.	serrurier....	13 fév. 1881	id.
510	Mouthiers Emile.	limeur......	id.	
511	Roux Pierre.....	sellier.......	10 sept. 1881	
512	Pontonnier Ant...	charron.....	id.	
513	Balme André....	....	id.	n'a jamais fait partie
514	Chaudron P.-J...	serrurier....	25 fév. 1882	rayé en retard.
515	Slumico Antoine.	ferblantier...	id.	
516	Fleury J.-B......	serrurier....	id.	n'a jamais fait partie
517	Diot Henri......	id.	24 juin 1882	
518	Cottet Louis.....	id.	id.	id.
519	Arthaud Jules...	sellier......	9 sept. 1882	décédé.
520	Puteaux Henri..	id.	2 déc. 1882	rayé en retard.
521	Guy Franç.-Pierre	fumiste.....	17 mars 1883	id.
522	Gamard F.-E....	serrurier....	24 juin 1883	
523	Garon A.-A......	tourneur....	id.	démissionnaire
524	Ruelle M.-A....	id.	id.	
525	Perlin H.-E......	serrurier....	id.	
526	Bertrand Louis..	carrossier...	id.	
527	Vuillermet B.-L..	serrurier....	id.	
528	Hennequin A....	forgeron....	8 mars 1884	
529	Muriand Joseph..	serrurier....	id.	rayé en retard.
530	Bocqueraz Gasp..	mécanicien..	id.	
531	Bouvet Jean-Cl...	taill. de limes	31 mai 1884	rayé en retard.
532	Lestrille Joseph..	serrurier....	29 juin 1884	id.
533	Besson Régis-V..	id.	id.	
534	Thaurau Jacques.	poêlier......	id.	
535	Billaud Joseph...	forgeron....	20 sept. 1884	
536	Monnet Hippolyte	tôlier.......	13 déc. 1884	
537	Borrel Antoine-M.	maréchal....	14 mars 1885	
538	Berger Lucien-F.	mécanicien..	25 mai 1885	
539	Roche Louis.....	ferblantier...	28 juin 1885	
540	Monnet Henri....	fumiste......	id.	décédé.
541	Demeure Joseph.	mouleur.....	id.	
542	Vincent J.-Marie.	serrurier....	27 juin 1886	rayé en retard.
543	Vial Adolphe.....	tôlier........	id.	id.
544	Croibier Alphonse	charron.....	id.	id.
545	Blanc Jean.......	peintre......	id.	
546	Béguin Joseph...	forgeron....	id.	
547	Rubat Jules......	peintre......	id.	id.
548	Planet Jules-V...	sellier.......	4 déc. 1886	

N°° D'ORDRE	NOMS et PRÉNOMS	PROFESSIONS	DATE de la RÉCEPTION	OBSERVATIONS
549	Granier Rémy-P..	horloger.....	4 déc. 1886	
550	Passerieux A.-A..	chaudronnier	id.	n'a pas été rayé
551	Grivellot M.-A...	ferblantier...	24 juin 1887	rayé en retard.
552	Gailard Claude...	ajusteur.....	id.	
553	Jullien Alexandre	ferblantier...	id.	id.
554	Dubois Paganon.	fondeur	17 sept. 1887	
555	Blanc-Brude Adrien	forgeron.....	9 juin 1888	
556	Pansus Jean-P...	ferblantier...	24 juin 1888	décédé.
557	Ardin Antoine...	plombier....	id.	
558	Bertrand Isidore.	carrossier...	id.	
559	Borrel Auguste..	serrurier....	23 juin 1889	
560	Gachet Albin....	ferblantier...	id.	
561	Cottel Louis.....	serrurier	id.	réintégré.
562	Pignetti Philippe.	mécanicien..	id.	rayé.
563	Court Joseph.....	fondeur	id.	
564	Couvin Séraphin.	ferblantier...	id.	
565	David Eugène....	mécanicien..	id.	réintégré
566	Garrel Martin....	charron.....	5 oct. 1889	
567	Brizard Louis....	tourneur	id.	
568	Jandot Paul......	mécanicien..	id.	
569	Bonnet Claude...	ajusteur.....	id.	rayé.
570	Barret Louis.....	id.	id.	id.
571	Reynaud Pierre..	bourrelier...	29 nov. 1889	
572	Moulin J.-Baptiste	charron.....	id.	
573	Bouchayer Jules..	chaudronnier	id.	
574	Meneroud Joseph.	tourneur	22 mars 1890	
575	Bayoud François.	mécanicien..	id.	
576	Eymard Jean....	mouleur.....	id.	
577	Degay Eugène...	charron.....	id.	
578	Rozier Louis.....	mécanicien..	id.	
579	Caillat Auguste..	charron.....	id.	
580	Guichard	serrurier	14 mars 1891	
581	Verdet Auguste..	électricien...	id.	
582	Bouchayer Justin.	chaudronnier	id.	
583	Vergain Joseph..	mouleur.....	id.	
584	Frettière Joseph.	chaudronnier	id.	

RÉCAPITULATION

Membres honoraires du 1ᵉʳ septembre au 31 décembre 1821. 5 ⎫ 317
— du 1ᵉʳ janvier 1822 au 1ᵉʳ avril 1891.... 312 ⎭

Effectifs du 1ᵉʳ septembre au 31 décembre 1821............ 146 ⎫ 730
— du 1ᵉʳ janvier 1822 au 1ᵉʳ avril 1891.............. 584 ⎭

1.047

Il y a deux numéros 777.

Il faut ajouter au contrôle........ 1

Série continuée jusqu'à........... 1.047

1.048

RÉSUMÉ DES OPÉRATIONS FINANCIÈRES

Du 2 septembre 1821 au 31 décembre 1878

	RECETTES	DÉPENSES	EXCÉDENT	
			des recettes	des dépenses
Année 1821......	1.739 92	1.410 74	329 18	» »
— 1822......	2.091 45	1.919 93	171 92	» »
— 1823......	2.173 75	2.384 84	» »	211 09
— 1824......	2.018 90	2.114 62	» »	65 72
— 1825......	2.152 35	1.797 30	355 05	» »
— 1826......	2.159 15	1.836 85	322 30	» »
— 1827......	2.035 65	1.816 60	219 05	» »
— 1828......	2.435 60	1.810 35	625 25	» »
— 1829......	2.341 65	1.865 50	476 15	» »
— 1830......	2.336 »	2.014 50	321 50	» »
— 1831......	2.144 40	2.154 55	» »	10 15
— 1832......	2.338 45	1.827 »	511 45	» »
— 1833......	2.380 95	1.859 60	521 35	» »
— 1834......	2.581 60	3.076 10	» »	491 50
— 1835......	3.251 20	3.190 45	63 75	» »
A reporter.....	34.217 02	31.078 93	3.716 95	778 46

	RECETTES	DÉPENSES	EXCÉDENT des recettes	EXCÉDENT des dépenses
Report.....	34.217 02	31.078 93	3. 16 95	788 46
Année 1836......	3.302 25	3.267 85	34 40	» »
— 1837......	3.314 50	3.329 90	» »	15 40
— 1838......	3.843 60	3.574 20	269 40	» »
— 1839......	3.072 95	3.489 80	» »	416 85
— 1840......	3.259 50	3.040 60	218 90	» »
— 1841......	3.262 09	3.534 90	» »	272 81
— 1842......	3.441 60	4.306 70	» »	865 10
— 1843......	3.633 25	3.508 70	124 55	» »
— 1844......	3.717 10	3.301 35	415 75	» »
— 1845......	4.996 60	3.301 45	695 15	» »
— 1846......	3.932 90	3.386 60	546 30	» »
— 1847......	3.762 95	3.339 80	423 15	» »
— 1848......	4.209 65	3.630 25	669 40	» »
— 1849......	4.720 75	4.136 55	584 20	» »
— 1850......	4.802 35	3.756 80	1.045 55	» »
— 1851......	4.834 25	4.105 30	728 95	» »
— 1852......	5.186 35	3.906 90	1.279 45	» »
— 1853......	5.035 70	4.459 75	575 95	» »
— 1854......	4.787 50	4.254 70	532 80	» »
— 1855......	4.721 85	5.580 15	» »	858 30
— 1856......	4.207 20	4.437 30	» »	230 10
— 1857......	4.540 75	3.821 20	719 55	» »
— 1858......	4.293 55	4.709 45	» »	415 90
— 1859......	4.812 95	4.330 50	482 45	» »
— 1860......	4.316 75	3.834 85	531 90	» »
— 1861......	4.316 30	3.945 10	371 20	» »
— 1862......	4.226 10	4.017 70	208 40	» »
— 1863......	4.743 35	3.670 80	1.072 55	» »
— 1864......	4.653 »	4.314 50	238 50	» »
— 1865......	5.082 95	4.423 05	659 90	» »
— 1866......	5.884 40	4.724 55	1.159 85	» »
— 1867......	5.275 70	4.272 »	1.003 70	» »
— 1868......	6 572 22	5.047 50	1.524 72	» »
— 1869......	6.247 40	6.844 85	» »	597 45
— 1870......	7.884 61	7.173 07	711.54	» »
— 1871......	6.788 40	6.146 35	642 05	» »
— 1872......	6.181 30	4.545 80	1.635 50	» »
— 1873......	6.191 »	3.763 90	2.427 10	» »
— 1874......	10.188 88	7.222 35	2.966 53	» »
— 1875......	6.847 80	5.584 50	1.263 30	» »
A reporter.....	227.899 32	203.120 50	29.579 59	4.460 37

	RECETTES	DÉPENSES	EXCÉDENT	
			des recettes	des dépenses
Report.....	227.899 32	203.120 50	29.579 19	4.460 37
Année 1876......	7.572 50	5.981 »	1.591 50	» »
— 1877......	7.622 05	(*)7.432 10	189 95	» »
— 1878......	7.224 34	5.901 80	1.322 54	» »
— 1879......	7.823 15	7.367 35	455 80	» »
— 1880.....	8.336 96	9.590 80	» »	1.253 84
— 1881......	7.674 44	6.172 85	1.501 59	» »
— 1882......	7.596 89	5.083 65	2.513 24	» »
— 1883......	7.330 73	4.778 50	2.552 23	» »
— 1884......	8.043 74	5.098 25	2.945 49	» »
— 1885......	9.639 39	6.242 56	3.396 83	» »
— 1886.....	11.517 47	7.573 19	3.944 28	» »
— 1887.....	10 613 72	7.491 10	3.119 62	» »
— 1888.....	10.458 86	8.503 53	1.955 33	» »
— 1889.....	9.765 76	6.725 85	3.039 91	» »
— 1890.....	11.950 75	8.353 64	3.597 11	» »
	361.620 07	305.419 67	61.904 61	5.704 21
Excédent des Recettes sur les Dépenses........	56.200 40		56.200 40	
Plus-value constatée sur les registres de la Société	362 21		362 21	
En caisse au 1er janvier 1891.....	56.562 61		56.562 61	

(*) Y compris 1,770 fr. 25 c., somme perdue dans la 1re liquidation Michel.

Ainsi qu'on vient de le voir, la Société de *l'Enclume et du Marteau*, avait en caisse, au 1er janvier 1879, une somme de 28,799 fr. 05 c.

Cette somme se répartit de la manière suivante :

	A LA CAISSE		ENSEMBLE
	de secours	des pensions	
Rentes sur l'Etat..............	38.680 23	9.164 50	47.844 73
A la Caisse d'épargne..........	3.938 10	4.266 25	8.204 35
Espèces en caisse..............	462 45	50 88	513 33
Ensemble........	43.080 78	1.348 38	56.562 61

NOMS ET ADRESSSES

De MM. les Médecins et Pharmaciens du 9ᵉ Bureau

MÉDECINS

MM. Guédel, cours Berriat ;
Satre, rue Montorge ;
Berthollet, rue du Lycée ;
Leconte, place du Lycée ;
Hauquelin, rue Lafayette.

PHARMACIENS

MM. Maurel, rue Lafayette ;
Richard, cours Berriat ;
Jourdan,   id.   ;
Boudeille et Rossignol, rue Vaucanson ;
Meunier ;
Budillon, rue Montorge ;
Baboin, place Notre-Dame ;
Colonel, place aux Herbes ;
Marmonnier ;
Marcel ;
Roux ;
Giraud.

RÈGLEMENT

DE LA SOCIÉTÉ

De Secours mutuels et de Retraite

DITE

L'ENCLUME ET LE MARTEAU

N° 10 DU RÉPERTOIRE

Créée le 1er septembre 1821

GRENOBLE
IMPRIMERIE E. VALLIER ET Cie
1, boulevard de Bonne, 1
—
1892

RÈGLEMENT

DE LA SOCIÉTÉ

De Secours mutuels et de Retraites

DE

L'ENCLUME et le MARTEAU

~~~~~~~~~

CHAPITRE Iᵉʳ

ARTICLE 1ᵉʳ

Procurer des secours à ceux de leurs cosociètaires malades ou sans travail, lorsqu'ils sont dans le besoin, et une retraite dans la vieillesse; tels sont les buts que se propose, sous le titre de « Société de l'Enclume et le Marteau », nᵒ 10 du répertoire, composé de maîtres et ouvriers serruriers, maréchaux, taillandiers, cloutiers, chaudronniers, couteliers, fondeurs, ferblantiers, armuriers, selliers, bourreliers, orfèvres, horlogers, charrons, graveurs, mécaniciens, peintres en voitures (considérés comme selliers ou carrossiers), et généralement toutes les personnes faisant usage de l'enclume et du marteau.

Art. 2.

Toutefois, ils protestent que, observateurs des lois, ils n'entendent nullement rappeler ou représenter aucune corporation, ni s'occuper jamais d'autres objets que du soulagement de leurs cosociétaires. En conséquence, toute discussion politique ou religieuse est interdite dans les réunions de la Société et du Bureau.

Art. 3.

La Société se compose de membres titulaires et de membres honoraires (les titulaires ne pourront être pris que parmi les corps d'état désignés en l'art. 1"; les honoraires seront reçus sans égard à leur profession, en se conformant aux articles du règlement les concernant).

Art. 4.

La Société aura à sa disposition le produit de la réception de ses membres, leurs rétributions mensuelles, le produit des inhumations de leurs parents, les dons faits par ses membres ou par des personnes étrangères avec l'assentiment de l'Assemblée générale, le produit des amendes et enfin l'intérêt des fonds placés.

Toutefois, les fonds de réserve attribués à la Caisse de Secours resteront fixés à raison de 150 francs par membre; l'excédent restera à la caisse de retraite.

Art. 5.

La Société se régit elle-même, elle choisit ses administrateurs dans la classe de ses membres titulaires ; les honoraires ne peuvent avoir que des repré-sentants aux conseils ; toutefois, leur nombre n'excé-dera pas, pour leur série, celui des membres titu-laires.

CHAPITRE II

Composition de l'Administration

Art. 6.

Pour diriger la Société, tant dans l'intérêt de la caisse que dans celui de ses membres, il sera établi une Administration composée du Bureau et d'un Conseil. A cet effet, il y aura tous les deux ans, dans le mois de décembre, réunion des sociétaires, pour élire les divers membres appelés à ces emplois.

Art. 7.

Le Bureau sera composé du Commissaire général président, de ses suppléants, des deux Secrétaires, du Trésorier. Tous les membres du Bureau doivent être Français et jouir de leurs droits civiques et civils. La Société aura en outre à nommer un Se-crétaire-Amendeur, un Commissaire d'ordre, un Com-missaire visiteur, un Archiviste et les Commissaires de série, lesquels devront tous savoir lire et écrire, avoir une année de réception et être âgés : le Commissaire général et le Trésorier, au moins de trente ans, et les autres membres de vingt-cinq ans.

Art. 8.

Le Conseil sera composé de tous les membres élus quel que soit le titre.

ART. 9.

En cas d'urgence, le Commissaire général pourra réunir un Conseil extraordinaire, dont la composition sera la même que celle de l'art. 8, en y adjoignant tous les anciens administrateurs jusqu'à l'emploi de Commissaire de série.

Mode d'élection

ART. 10.

Le Commissaire général sera élu par bulletin écrit ne portant qu'un seul nom et à la majorité absolue. Dans le cas où aucun des candidats ne l'obtiendrait, l'Assemblée procédera à un scrutin de ballottage entre, les trois membres qui auront réuni le plus grand nombre de voix, et celui des trois candidats qui en aura obtenu le plus sera élu Commissaire général.

Immédiatement, on procédera par le même mode à la nomination de ses suppléants.

ART. 11.

Tous les autres membres seront également élus à la majorité absolue, par bulletins écrits ; ils devront eux-mêmes choisir leurs suppléants, lesquels devront être acceptés par l'Assemblée générale.

ART. 12.

La durée des fonctions du Commissaire général et de ses suppléants sera de deux années ; ils ne pourront être réélus s'ils ne réunissent les trois quarts des suffrages des membres votants.

ART. 13.

La durée des fonctions des membres du Bureau et celles des autres administrateurs sera de deux années.

Tous peuvent être réélus.

ART. 14.

Il y aura Assemblée générale tous les trois mois pour donner connaissance aux sociétaires de la gestion trimestrielle et des intérêts de la Société.

Selon le cas, il pourra y avoir Assemblée générale à jour non prévu par le règlement.

ART. 15.

Il y aura, dans la dernière quinzaine du mois de janvier, une Assemblée générale, sous la présidence du Commissaire général sortant, qui, après la lecture des procès-verbaux, donnera le rendement définitif des comptes de l'année, ainsi que l'état de la caisse et l'effectif de la Société; après quoi, il procédera à l'installation du nouveau Commissaire général, s'il y a lieu.

CHAPITRE III

DEVOIRS ET ATTRIBUTIONS DES MEMBRES DU BUREAU ET DES CONSEILS

Du Commissaire général

ART. 16.

Les devoirs et les attributions du Commissaire général sont de se faire instruire par les Commissaires de série du nombre de leur membres secourus, de la situation des malades ou sociétaires sans travail, d'arrêter les comptes tous les trois mois, de veiller aux intérêts de la Société, vérifier l'état de la Caisse s'il le juge convenable et signer les bons de secours; il peut visiter les malades et s'assurer de leurs besoins.

ART. 17.

Il a seul le droit de convoquer les Assemblées générales et les Conseils; il est le président de toute commission, préside sans prendre part à la discussion (dans les Assemblées générales seulement); son devoir est de poser simplement les propositions sans les commenter; il accorde la parole et doit la retirer immédiatement à celui qui s'écarterait du respect dû à la Société et à ses membres ou qui s'occuperait de choses étrangères à la discussion; il rappelle à l'ordre ceux qui interrompraient le membre à qui la parole aurait été accordée.

ART. 18.

Il est le dépositaire du sceau de la Société.

ART. 19.

Il accorde, après information, les secours extraordinaires pendant quinze jours, aux membres malades ou sans travail.

Ces secours ne pourront dépasser le maximum des bons ordinaires.

ART. 20.

Il peut suspendre de la Société tout membre frappé d'un jugement de faillite ou de séparation de biens, celui dont la conduite serait reprochable et porterait atteinte à la probité ou à la moralité. Il convoquera promptement le Conseil extraordinaire, auquel il fera part de la mesure prise ; ce Conseil se renfermera dans les articles du règlement destinés à l'un de ces divers cas.

ART. 21.

Il recevra la demande des membres qui désireraient faire accompagner à la tombe leurs parents décédés, à quelque degré que ce soit, en se conformant, pour la somme à verser, à l'article 76, et il ne convoquera la Société qu'après avoir reconnu le reçu du Trésorier.

Des Secrétaires

ART. 22.

Le Secrétaire des séances tient avec exactitude les registres des Assemblées générales et des Conseils, sur lesquels toutes les propositions et délibérations doivent être consignées.

A l'ouverture de chaque séance il demande la parole et procède à l'appel nominal (pour les Assemblées du Conseil), et donne lecture des procès-verbaux de la dernière séance.

Le Secrétaire de comptabilité tient le registre des recettes et des dépenses ; il assiste, chaque mois, au versement fait par les Commissaires de série et prend note des membres en retard de leurs cotisations ; il délivre les bons de secours extraordinaires en s'assurant du droit du sociétaire.

Ledit registre sera vérifié et arrêté tous les trois mois par les Commissaires-Vérificateurs, et devra être conforme à ceux du Commissaire général et du Trésorier.

Du Trésorier

Art. 23.

Le Trésorier est le dépositaire des fonds en général de la Société, tant en numéraire qu'en billets ; ces derniers devront être placés par une commission nommée à cet effet, et ne pourront être retirés que par une même commission ; il en sera fait mention au procès-verbal de l'Assemblée.

Art. 24.

Il reçoit les rétributions mensuelles des sociétaires par les Commissaires de série, auxquels il donne un reçu par son acquit sur leurs livres.

Il est assisté dans cette opération, par le Commissaire général et son suppléant.

Art. 25.

Il n'acquitte les bons de secours qu'autant qu'ils sont signés par le Commissaire général, le Secrétaire de comptabilité et le Commissaire de série.

Art. 26.

A la fin de chaque trimestre, son registre de recettes et dépenses, avec les pièces à l'appui, sera vérifié et arrêté par les Vérificateurs.

Des Commissaires de série

Art. 27.

Les Commissaires de série sont chargés de recevoir, sans dérangement, les cotisations mensuelles, les

amendes et les remboursements des membres de leur
série ; ils les enregistrent sur leurs livres et les versent
régulièrement entre les mains du Trésorier, le 15 de
chaque mois ou le lendemain si le 15 est un dimanche
ou un jour férié.

ART. 28.

Ils reçoivent les demandes de secours des membres
de leur série, et s'assurent s'ils y ont droit; ils con-
naissent leur situation et en dressent leur rapport au
plus prochain Conseil ; leurs bons de secours devront
être signés par eux.

ART. 29.

Lorsqu'un membre de la série ou son épouse est décédé, il en prévient le Commissaire général, afin que
ce dernier puisse se conformer aux prescriptions du
Règlement.

Secrétaire-Amendeur

ART. 30.

Aux inhumations, le Secrétaire-Amendeur fera remettre deux cartes à chaque sociétaire, qu'il retirera
de la manière suivante : la 1re à la maison mortuaire,
la 2e à la sortie du cimetière.

Sur l'invitation du Président, il fait convoquer par le
Concierge toutes les assemblées, enterrements et réunions, soit par cartes ou par lettres.

Il doit assister à toutes les réunions, enterrements,
assemblées; il fait l'appel et prend note des absents;
le contrôle se fait par la remise des cartes en temps et
lieux; ces amendes sont inscrites sur un registre à cet
effet, pour les transmettre sur le carnet des Commissaires de série le jour du versement.

Il devra, en outre, établir à la fin de chaque trimestre la situation des amendes dues et la remettre au Commissaire général.

Archiviste

ART. 31.

L'Archiviste est chargé d'inscrire et de placer avec soin tous les papiers et documents qui lui sont remis, de donner les renseignements qui lui sont demandés, sans se dessaisir des pièces à moins d'un récépissé signé du Président.

Des Commissaires d'ordre

ART. 31 *bis*.

Les Commissaires d'ordre veillent à ce que le plus grand silence règne dans les Assemblées; prient les personnes étrangères qui se seraient introduites dans la salle, de se retirer ; font placer au bureau les membres des Sociétés reconnues par nous, lorsqu'ils se présenteront y ayant été invités, et distribuent les boules lorsqu'on procédera à un scrutin.

ART. 32.

Ils doivent veiller autant que possible, aux inhumations, à ce que l'on marche en ordre, en silence, et que la décence et le respect que l'on doit au frère décédé soit rigoureusement observés.

Ils commandent, à tour de rôle autant que possible, les membres pour tenir les cordons du poêle. Ils prendront note de tout refus qui ne sera pas motivé et en donneront avis au Secrétaire-Amendeur, lequel appliquera aux membres passibles les amendes prévues par l'art. 49.

A l'ouverture des séances de la Société, ils invitent tous les membres à se découvrir; il n'est fait d'exception que pour ceux que l'âge ou leurs infirmités en dispenseraient.

Des Commissaires-Visiteurs

Art. 33.

Les frères visiteurs sont pris à tour de rôle, en commençant par les premiers inscrits au tableau des séries, au nombre de quatre, et doivent, au moins une fois par semaine, visiter les membres malades ou sans travail, s'assurer de leurs besoins et faire suspendre les secours s'ils le jugent nécessaire.

A cet effet, ils dresseront un procès-verbal de leurs visites sur un carnet *ad hoc*, lequel sera signé par eux et visé chaque semaine par le Commissaire-Visiteur où son suppléant qui, à la fin de chaque mois, devra prévenir le Commissaire général et lui donner communication du carnet dont il s'agit.

La durée des fonctions de Visiteur sera d'un mois.

Des Vérificateurs des comptes

Art. 34.

Les membres de chaque série nommés Conseillers seront Vérificateurs et porteront noms de Conseillers-Vérificateurs. Ils devront procéder à la vérification des comptes de chaque trimestre, ils seront nommés pour deux ans. (L'absence sera amendée de 50 centimes).

Art. 35.

Ils nommeront leur président des comptes et devront avoir à leur disposition tous les registres constatant les recettes et les dépenses ainsi que les pièces à l'appui.

Ils opéreront en présence du Commissaire général, du Secrétaire de comptabilité et du Trésorier, qui doivent y assister afin de pouvoir répondre aux demandes qui pourraient leur être adressées.

La Commission, après avoir reconnu les comptes justes, signera les livres du Commissaire général, du Secrétaire et du Trésorier.

Art. 36.

Ne peuvent être Commissaires-Vérificateurs les membres administrateurs jusqu'à l'emploi de Commissaire de série.

Du Concierge

Art. 37.

Le Concierge est chargé de porter à domicile les cartes ou billets de convocation quelconque, chaque fois que le Commissaire général ou l'un des Secrétaires le lui ordonneront, en se conformant exactement au lieu et à l'heure précise indiqués par un bulletin.

Il tiendra la salle et le mobilier dans un état de propreté continuel, veillera aux dégradations et usures, et en informera le Commissaire général.

Aux inhumations il porte le bénitier et place, lui-même, les insignes de la Société sur le poêle.

En cas de négligence dans son service ou d'indiscrétion dans ses fonctions, il sera, d'après une délibération du Conseil, suspendu de ses fonctions jusqu'à décision de l'Assemblée générale.

Dans ses fonctions, il ne peut se faire remplacer, en cas d'absence ou de maladie, que par un membre de la Société à qui sera allouée la part revenant à son service.

Il est responsable de toutes les amendes des membres qui, par sa faute, n'auront pas été convoqués aux réunions.

CHAPITRE IV

Admissions et rétributions

ART. 38.

La Société reçoit comme membre titulaire tout maître et ouvrier faisant usage de l'enclume ou du marteau, qui produira un livret pour attester qu'il a travaillé ou qu'il travaille depuis deux ans au moins en qualité d'ouvrier ; à défaut de livret, un certificat signé par quatre membres de la Société, constatant le temps voulu ci-dessus ; de plus, un extrait du casier judiciaire, délivré par le greffe de son pays de naissance, son extrait de naissance ou toute autre pièce administrative pour prouver qu'il n'a point dépassé l'âge de quarante ans, maximum des membres titulaires, et un certificat de l'un des médecins de la Société, attestant qu'il jouit d'une bonne santé et qu'il n'a point d'infirmités.

ART. 39.

Pourront être admis dans la Société, en la même

qualité, ceux qui auront professé l'un des corps d'état stipulés en l'art. 1er et qui pourront en justifier lors même qu'ils exerceraient un autre commerce, en se conformant à l'art. 38.

ART. 40.

Le prix des admissions des membres titulaires est fixé à 10 fr. jusqu'à 25 ans, 15 fr. jusqu'à 30 ans, passé lesquels le récipiendaire payera autant de francs qu'il aura d'années d'âge.

ART. 40 *bis*.

Tout récipiendiaire âgé de plus de trente ans aura à payer, outre le prix d'admission stipulé en l'art. 40, une somme de 3 fr. 60 par autant d'années d'âge excédant les trente ans.

Le payement de cette somme lui donnera droit aux bénéfices de la Caisse des retraites dans laquelle cette somme sera versée.

ART. 41.

Toute personne voulant faire partie de la Société devra, à sa demande de présentation, verser entre les mains du Trésorier, une somme de 5 fr. dont il lui sera tenu compte sur le prix de son admission, plus le prix exigé par le médecin désigné à cet effet pour sa visite de réception.

Il sera tenu de produire les pièces exigées par les articles les concernant. Ces pièces sont remises au Commissaire général qui convoquera le Conseil afin de procéder à la réception provisoire du membre présenté ; si l'ajournement était prononcé, le Conseil nommera une Commission de quatre membres (dite Commission d'enquête), chargée de prendre les renseignements nécessaires.

Il devra s'écouler quinze jours au moins entre la présentation au Conseil et la réception par l'Assemblée générale.

Si le membre présenté n'est pas reçu, soit au Conseil, soit en Assemblée générale, il lui sera tenu compte des 5 fr. qu'il aura versés entre les mains du Trésorier, sauf le prix de la visite du médecin pour sa réception.

Art. 42.

Les nouveaux récipiendaires seront présentés à l'Assemblée générale suivante. Aussitôt après la lecture de leurs certificats, le Président lira la décision du Conseil ; l'Assemblée procédera immédiatement à la réception par bulletin secret, au moyen de boules de différentes couleurs, l'une pour l'adoption, l'autre pour l'ajournement ; une boule suffit pour l'ajournement. Celui qui aura déposé cette boule sera tenu d'en expliquer les motifs au Commissaire général dans les vingt-quatre heures qui suivront ; s'il ne le fait, l'admission sera prononcée, et, s'il allègue des motifs reconnus faux, il pourra être rayé du tableau de la Société : aucun motif de dissentiment particulier ne pouvant être admis.

CHAPITRE V

Des Membres honoraires

Art. 43.

Les Membres honoraires, quels que soient leur âge ou leur profession, seront admis dans la Société en produisant un certificat de moralité, signé par quatre membres de la Société.

Ils devront acquitter exactement leur rétribution

semestrielle fixée à 6 fr. ; ils seront invités aux différentes réunions de la Société.

Après douze mois de retard d'un Membre honoraire, il sera prévenu par lettre de vouloir bien acquitter ses cotisations, et, s'il refuse, il sera rayé des contrôles de la Société.

Aucun Membre honoraire ne peut devenir titulaire s'il ne peut remplir les conditions imposées aux membres effectifs.

CHAPITRE VI

Médecins et Pharmaciens

Art. 44.

Les Médecins et Pharmaciens sont nommés sur leur présentation au Conseil, avec la sanction de l'Assemblée générale ; ils devront, après leur adoption, être Membres honoraires de la Société.

Ils sont instament priés de ne donner leurs soins ou leurs médicamments qu'aux membres pourvus d'une invitation de leur Commissaire de série, cette mesure étant nécessaire dans l'intérêt de la Société et un seul bulletin suffisant quelle que soit la durée de la maladie.

CHAPITRE VII

Devoirs des Membres envers la Société

Art. 45.

Tous les membres titulaires inscrits au tableau payeront exactement à leur Commissaire de série, le

premier dimanche de chaque mois, la somme de
1 fr. 75 pour leur rétribution.

A cet effet et en vue de constater les versements
opérés par chaque sociétaire, un livret est institué
pour être visé, au moment de chaque payement, par
le Commissaire de série chargé de recueillir les cotisations.

ART. 46.

Tout membre habitant le siège de la Société, qui
laissera écouler plus de quatre mois sans s'acquitter
de ses cotisations mensuelles, sera rayé des contrôles
de la Société sur la délibération du Conseil.

Cette radiation sera sanctionnée par l'Assemblée
générale dans sa prochaine session.

ART. 47.

Les amendes d'Assemblée générale, de Conseil, de
vérification et d'inhumation où l'on est convoqué léga-
lement, feront considérer les membres qui les auraient encourues comme étant en retard pour leurs
cotisations, lesdites cotisations étant prises d'abord
pour le payement des amendes. Les convocations
pour les Assemblées générales, Conseils et vérifica-
tions, devront être faites au moins 48 heures à
l'avance.

ART. 48.

Tout membre absent pour quelque cause que ce
soit, hors le cas de maladie constatée ou d'âge
avancé, sera passible de l'amende.

ART. 49.

La quotité des amendes est fixée à un 1 fr. pour les
inhumations, les Assemblées générales, les visites aux
malades, et à 0 fr. 50 pour les autres convocations.

ART. 50.

Tout membre convoqué pour une inhumation doit
se rendre au domicile du défunt, à l'heure indiquée
par le Concierge, où il remet sa carte de présence ; il
ne peut, sous aucun prétexte, se dispenser d'accompagner le défunt jusqu'au cimetière, sans encourir
l'amende portée en cas d'absence. Il justifie de sa présence en remettant sa deuxième carte à son Commissaire. Cependant, s'il s'agit d'un enterrement civil,
l'assistance des sociétaires est tout à fait facultative.
(Décision de M. le Ministre de l'Intérieur relative aux
enterrements civils, du 5 août 1875.)

ART. 51.

Tout membre qui refuserait d'optempérer, sans motifs légitimes, aux invitations faites par le Commissaire d'ordre pour le service des inhumations, sera passible d'une amende de 0 fr. 50.

ART. 52.

Tout membre en retard dans le payement de ses
cotisations mensuelles, sera passible d'une amende
de 0 fr. 25 pour le premier mois et de 0 fr. 50 pour
chacun des mois suivants, jusqu'au terme fixé par
l'art. 46.

ART. 53.

Les membres rayés pour cause de retard, comme
les démissionnaires, pourront néanmoins être réinté-
grés en remplissant, pour leur admission, les mêmes
formalités que s'ils n'avaient jamais fait partie de la
Société.

Dans aucun cas, un membre rayé ou démissionnaire ne pourra exiger de la caisse aucune restitution.

Toutefois, les membres ci-dessus nommés, en se faisant réintégrer, devront se conformer aux articles 40 et 40 *bis* du présent règlement.

La réintégration ne sera admise qu'autant que les membres n'auront pas dépassé 42 ans.

CHAPITRE VIII.

Devoirs de la Société envers ses Membres

ART. 54.

Les secours accordés aux membres de la Société sont répartis ainsi qu'il suit :

Le sociétaire titulaire malade recevra les soins de l'un des médecins de la Société ainsi que les médicaments ordonnés par lui et pouvant se prendre au siège de la Société.

Le sociétaire sera libre de prendre un médecin hors de la Société en en payant lui-même la visite ; les médicaments seuls, qui seront pris chez les pharmaciens de la Société, resteront à la charge de cette dernière.

En cas de non-possibilité de travail il lui sera alloué une somme en argent pour chaque cinq jours et payable le sixième. Cette somme, fixée chaque année par le Conseil après le rendement des comptes annuels, sera sanctionnée en Assemblée générale.

ART. 55.

Toutefois, il n'en sera accordé d'aucune nature pour

les maladies antisociales ou pour celles provenant de rixes ou de débauche.

ART. 56.

Lorsque l'un des médecins de la Société jugera nécessaires les eaux sulfureuses ou thermales, le Conseil seul sera juge de l'opportunité (s'il y a lieu) d'un fonds de secours à accorder au malade.

ART. 57.

Aucun membre malade ne pourra exiger de secours en argent qu'autant que la gravité de la maladie le mettrait dans l'impossibilité de travailler.

Il sera tenu de remettre au Secrétaire de comptabilité son premier bulletin de maladie, le jour où il le recevra, et ce ne sera que quatre jours après, sur la présentation d'un second bulletin constatant la continuité de la maladie, que le bon de secours en argent lui sera délivré.

ART. 58.

Le sociétaire sans travail, pour avoir droit aux secours, sera tenu de fournir un certificat du patron chez lequel il travailllait, signé de deux autres constatant que le manque de travail n'est point de son fait.

Ce certificat est de rigueur ; il sera facultatif à l'administration d'en exiger de nouveaux si elle le juge convenable.

La somme allouée pour secours aux membres sans travail est fixée chaque année comme il est dit à l'article 54. La Société n'accorde pas de secours pour chômage.

Art. 59.

Tout membre admis à participer aux bénéfices de la caisse des retraites ne pourra plus prétendre aux secours en argent lorsqu'il sera malade ou sans travail.

Art. 60.

Lorsque l'un des médecins ordonnera qu'une garde soit placée pendant la nuit auprès d'un malade, la Société payera 1 franc par nuit pendant tout le temps où elle sera jugée nécessaire ; cette garde sera au choix du malade.

Toutefois, elle ne serait accordée qu'autant que la gravité et la longueur présumée de la maladie mettraient la famille dans l'impossibilité de continuer les soins pendant la nuit.

Lorsque le médecin déclarera que le sociétaire est atteint d'une maladie pouvant avoir une durée illimitée, le Conseil suspendra les secours ordinaires et les remplacera par une pension dont la quotité sera déterminée.

Art. 61.

Aucun membre ne doit et ne peut exiger plus que le Conseil ne lui a alloué conformément au règlement. Les administrateurs devant, en toute circonstance, agir consciencieusement, tant dans l'intérêt des sociétaires que dans celui de la caisse.

Art. 62.

Les secours accordés par le Bureau doivent être secrets ; celui qui les aura divulgués ou reprochés sera passible de suspension, suivant l'avis du Conseil.

Art. 63.

Tout membre malade pourra demander les soins du médecin qu'il jugera convenable de choisir parmi ceux appartenant à la Société.

Des Inhumations

Art. 64.

La Société assiste en entier à l'inhumation de l'un de ses membres ou de son épouse ; le même privilège est accordé aux épouses des membres décédés, à moins qu'elles n'aient contracté un nouveau mariage ou qu'elles n'aient pas conservé une conduite irréprochable.

Art. 65.

Au décès de l'un de ses membres titulaires, la Société payera (si la famille le réclame) le cercueil et la fosse du défunt, et si le sociétaire est décédé à l'Hospice, la Société payera la totalité de la dépense si le besoin l'exige.

CHAPITRE IX

Des cas d'absence

Art. 66.

Tout membre qui serait appelé au service militaire ou qui se trouverait dans l'obligation de s'absenter du siège de la Société pour toute autre cause; devra payer sa rétribution lors même que le mois ne serait pas terminé et il devra faire viser son livret.

Le membre parti sans faire viser son diplôme et sans payer ses rétributions, sera rayé pour cause de retard ; il ne pourra rentrer qu'en remplissant les formalités prévues aux articles 40, 40 *bis* et 53.

ART. 67.

L'absence n'est pas autorisée après trente ans d'âge ; à son retour, le membre parti fera vérifier son livret et produira des certificats de l'emploi de son temps pendant son absence et de l'un des médecins de la Société.

Passé trente ans, tout sociétaire qui voudra s'absenter du siège de la Société devra fournir l'engagement de payer, par trimestre et d'avance, le montant de son abonnement et de ses cotisations pendant toute la durée de son absence.

A son retour, il sera réintégré dans la Société sur la production d'un certificat de moralité.

Il n'aura droit aux secours que dans le siège de la Société.

CHAPITRE X

Dispositions générales

ART. 68.

Aucun fonds de la caisse sociale ne pourra être employé que pour les besoins de la Société ou pour ceux de ses membres. En cas de dissolution, la liquidation s'opérera selon les règles du droit commun.

ART. 69.

La suspension prononcée par le Commissaire général ainsi qu'il est dit à l'art. 20, et sanctionnée par le

Conseil extraordinaire, entraîne la privation de secours ainsi que le non-payement des cotisations.

Dans le cas où le Conseil ne serait pas suffisamment renseigné, il nommera une commission de six membres, par bulletin et à la majorité absolue.

Cette Commission prendra tous les renseignements possibles sur le membre en suspens, dans la quinzaine qui suivra, afin d'en faire son rapport au Conseil suivant, lequel statuera sur la radiation définitive ou la réintégration de ce membre; dans ce dernier cas, le membre réintégré devra acquitter ses cotisations arriérées sans qu'il puisse faire aucune demande reconventionnelle pour quelque cause que ce soit.

Le Conseil ne peut rayer que provisoirement un membre en retard ou dont la conduite serait reprochable : l'Assemblée générale seule prononce sa radiation définitive.

ART. 70.

Tout sociétaire qui aurait à porter une plainte contre un ou plusieurs membres du Bureau, devra l'adresser au Conseil afin qu'il lui soit fait droit.

Tout sociétaire qui aurait calomnié, menacé ou insulté l'Administration, dans l'exercice de ses fonctions ou pour faits s'y rattachant, sera suspendu immédiatement et privé de secours pendant trois mois, sans être, pour cela, dispensé de ses cotisations. Selon la gravité du cas, tout comme en récidive, le Conseil pourra demander sa radiation.

ART. 71.

Aucun membre ne peut prendre la parole plus de trois fois sur la même question, et toute discussion politique ou religieuse est formellement interdite.

Art. 72.

Aucun secours, de quelque nature qu'il soit, ne sera accordé à un membre qu'un mois après sa réception ou réintégration, sauf un cas extraordinaire dont le Conseil sera juge.

Art. 73.

Tous les membres de la Société pourront faire accompagner à la tombe le corps de leurs parents décédés, en versant à la Caisse les sommes suivantes :

Pour un père, une mère, un frère, un fils, la somme de 50 fr., et 100 fr. pour tout autre degré de parenté.

Art. 74.

Tout membre qui voudrait se dispenser des obligations de la Société sera tenu de payer à la caisse, et par avance, le prix de l'abonnement fixé par le Conseil et l'Assemblée générale.

Art. 75.

La Société ne pourra se réunir, ni sortir en corps, pour aucun autre cas que ceux fixés par son règlement.

Art. 76.

Le sociétaire qui n'aura pas rendu ou qui aura perdu une des cartes en usage dans la Société sera tenu de la payer 0 fr. 25, à moins qu'il ne l'adresse dans les 48 heures qui suivront le moment de l'usage au Secrétaire-Amendeur.

Art. 77.

Toute proposition faite par un membre, en Assemblée générale, dans l'intérêt de la Société, sera prise en considération et inscrite par le Secrétaire pour être exposée devant le plus prochain Conseil.

ART. 78.

La fête de saint Eloi sera célébrée chaque année ; tous les membres de la Société devront se conformer à la délibération prise par l'Assemblée générale à cet effet.

Le Commissaire général est autorisé à offrir une miche, au nom de la Société, aux représentants des divers bureaux de bienfaisance mutuelle de Grenoble, par réciprocité, ainsi qu'aux veuves des membres sociétaires décédés.

ART. 79.

Toutes les dispositions du présent règlement seront exécutées, de même que les délibérations prises qui n'y seraient point contraires ; elles ne pourront être modifiées, ni changées, que par délibération en Assemblée générale, et aucune modification ne pourra être apportée aux statuts sans autorisation du Préfet.

ART. 80.

Le compte rendu des opérations de la Société sera dressé chaque année au Préfet.

ART. 81.

Le présent, règlement formant dix chapitres contenant quatre-vingt-un articles, a été adopté par l'Assemblée générale et soumis à l'approbation de l'autorité compétente, pour être imprimé et distribué à chacun de ses membres.

Fait à Grenoble, le 14 mars 1891.

Le Commissaire général,
Président de la Commission de rédaction,

Sauzières.

Les Membres de la Commission de rédaction,

Fabrègues, Chazot, Bertrand fils,
Guenin, Taurhau, Allouard,
Michaud, Repellin fils, Genzana.

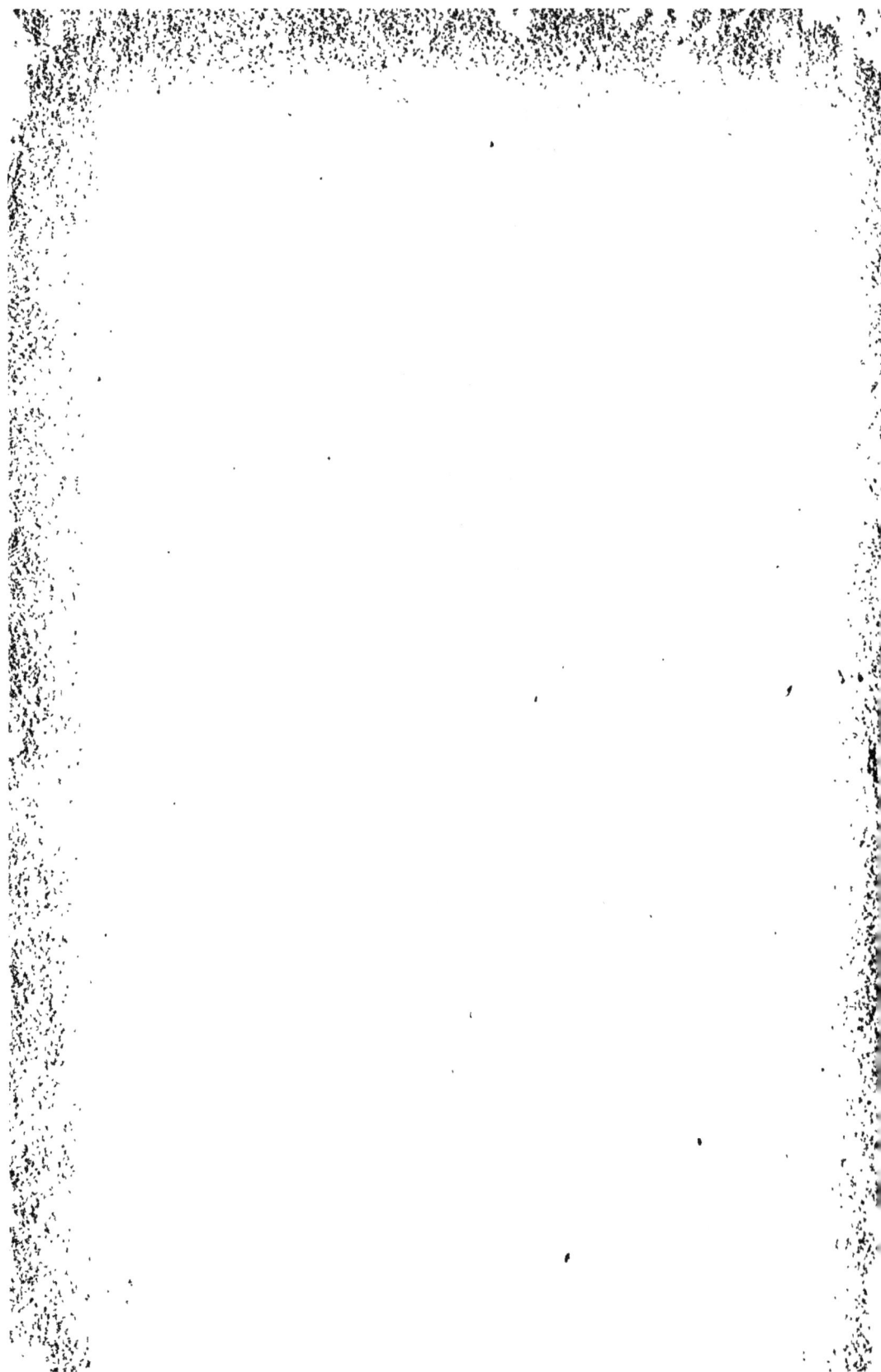

CAISSE DE RETRAITE

ARTICLE 1er.

La Caisse de retraite se compose de tous les membres titulaires de la Caisse de secours et est régie par la même Administration.

ART. 2.

La Caisse de retraite aura à sa disposition tous les excédents que produira la Caisse mère sur son capital fixé à 150 fr. par membre.

ART. 3.

Les ressources affectées au service des pensionnés se composent des intérêts de son capital et d'une somme variable prélevée sur les versements mensuels.

ART. 4.

Le droit à la pension de retraite est fixé à l'âge de soixante ans révolus, au 30 juin et au 31 décembre. quel que soit le nombre d'années de présence ; le titulaire devra fournir son extrait de naissance ; cette pièce sera jointe à une demande écrite adressée au Président au moins deux mois à l'avance.

ART. 5.

La pension de retraite ne se cumulera pas avec les secours en argent accordés par la Société aux membres malades ou sans travail.

ART. 6.

Tout membre, hors du siège de la Société, pourra faire toucher le montant de sa pension sur la présentation d'un certificat de vie délivré par le maire de la commune où il réside, sans aucun frais pour la Société.

ART. 7.

Le montant de la pension à fournir aux ayants droit sera fixé le 31 décembre de chaque année selon les ressources de la Caisse, et payable par quart à la fin de chaque trimestre sur la présentation d'un carnet à souche distribué à chaque titulaire, moyennant une retenue de un franc.

ART. 8.

La pension est incessible et insaisissable, elle sera payée jusqu'au décès du sociétaire, à moins que celui-ci ne soit exclu de la Société.

ART. 9.

Toute pension qui ne sera pas réclamée par l'ayant droit à la fin de chaque année, sera versée à la Caisse des retraites, sans aucun recours contre la Société.

ART. 14.

Les arrérages des pensions dus au décès du pensionné seront versés à la Caisse des retraites, à moins qu'ils ne soient réclamés par sa veuve, qui, seule, y aurait droit.

Fait à Grenoble, le 14 mars 1891.

Le Commissaire général,

SAUZIÈRES.

Les Membres de la Commission de rédaction,

FABRÈGUES, CHAZOT, BERTRAND fils, GUENIN, TAURHAU, ALLOUARD, MICHAUD, REPELLIN fils, GENZANA.

Vu et autorisé conformément à mon arrêté en date du 3 septembre 1891, qui devra être annexé aux présents statuts.

Grenoble, le 30 septembre 1891.

Pour le Préfet :
Le Secrétaire général délégué,

H. BONCOURT.

PRÉFECTURE DE L'ISÈRE

SOCIÉTÉS DE SECOURS MUTUELS

LE PRÉFET DU DÉPARTEMENT DE L'ISÈRE,

Officier de la Légion d'honneur et de l'Instruction publique,

Vu l'arrêté préfectoral en date du 1" septembre 1821, portant création d'une Société de secours mutuels : l'*Enclume et le Marteau* à Grenoble;

Vu les modifications statutaires décidées en assemblée générale, le 14 mars 1891, par la Société dénommée ;

Vu les articles 291 et 292 du Code pénal et la loi du 10 avril 1834 ;

Vu les décrets des 14 juin 1851, 26 mars 1852 et 26 avril 1856 ;

Vu les décrets des 18 juin 1864 et 27 octobre 1870 ;

Vu l'avis du Conseil municipal,

ARRÊTE :

ART. 1". — Sont approuvés, tels qu'ils sont annexés au présent arrêté, les nouveaux statuts de la Société de secours mutuels établie à Grenoble, sous le titre de l'*Enclume et le Marteau*, n° 10.

Cette Société sera tenue de régler les cotisations de chaque sociétaire d'après les tables de maladie et de mortalité confectionnées ou approuvées par le Gouvernement.

ART. 2. — La Société dénommé en l'article précédent jouira des avantages et privilèges accordés par les décrets des 2C mars 1852 et 26 avril 1856.

Art. 3. — Le règlement de l'administration intérieure de cette Société ne pourra déroger aux statuts approuvés.

Fait à Grenoble, le 3 septembre 1891.

Pour le Préfet de l'Isère :
Le Secrétaire général délégué,

Signé : Boncourt.

Pour copie conforme :
Le Maire de Grenoble,

A. Gaché.

Grenoble, le 8 octobre 1891.

Monsieur le Président,

J'ai l'honneur de vous renvoyer ci-joint, revêtu de l'approbation de M. le Préfet, et accompagné d'une ampliation de son arrêté du 3 de ce mois, un exemplaire des nouveaux statuts de la Société l'*Enclume et le Marteau*.

Vous voudrez bien, Monsieur le Président, dès que ces statuts seront imprimés, en faire adresser plusieurs exemplaires à la Préfecture et à la Mairie.

Agréez, Monsieur le Président, l'assurance de ma considération très distinguée.

Le Maire de Grenoble,

A. Gaché.

Grenoble, le 17 septembre 1891.

Monsieur le Maire,

J'ai l'honneur de vous retourner ci-joint les statuts de la Société de secours mutuels et de retraite dite l'« *Enclume et le Marteau* », nº 10 du répertoire.

Me conformant aux instructions de M. le Ministre de l'Intérieur, lesquelles m'ont été transmises par votre lettre du 16 septembre courant, lesdits statuts ont reçu dans les articles 2, 7, 58, 68, 79, 80, les additions indiquées.

Veuillez agréer, Monsieur le Maire, l'expression de mes sentiments les plus respectueux.

Le Commissaire général,
SAUZIÈRES.

6270. — Grenoble, imp. E. VALLIER et Cⁱᵉ, boulevard de Bonne, 1.

www.ingramcontent.com/pod-product-compliance
Lightning Source LLC
Chambersburg PA
CBHW052043270326
41931CB00012B/2605